Acum

Învigând Procrastinarea și Propulsând Productivitatea

Dan Desmarques

22 Lions

Acum: Învigând Procrastinarea şi Propulsând Productivitatea

Scris de Dan Desmarques

Index

Introducere   VII

1. Capitolul 1: Înțelegerea adevăratei motivații   1

2. Capitolul 2: Puterea scopului în motivație   5

3. Capitolul 3: Crearea unui mediu suportiv pentru o   9
    motivație susținută

4. Capitolul 4: Strategii holistice pentru creșterea   13
    productivității

5. Capitolul 5: Valorificarea mentoratului și a   17
    gestionării timpului pentru succes

6. Capitolul 6: Transformarea termenelor limită în   21
    oportunități

7. Capitolul 7: Crearea impulsului pentru succes   25

8. Capitolul 8: Înfruntarea și depășirea rezistenței.   29

9. Capitolul 9: Depășirea autosabotajului   33

10. Capitolul 10: Confruntarea cu sabotajul social și   37
    disonanța cognitivă

11.	Capitolul 11: Prejudecățile psihologice și efectul lor asupra societății	41
12.	Capitolul 12: Înfruntarea sindromului impostorului	45
13.	Capitolul 13: Depășirea îndoielii de sine prin introspecție și acceptare	49
14.	Capitolul 14: Sensul spiritual al iertării	53
15.	Capitolul 15: Educația spirituală și lecțiile karmice	57
16.	Capitolul 16: Cultivarea încrederii în sine prin independență	61
17.	Capitolul 17: Stăpânirea emoțională și urmărirea viselor	65
18.	Capitolul 18: Depășirea ego-ului și acceptarea adevărului	69
19.	Capitolul 19: Scopul universal	73
20.	Capitolul 20: Stăpânirea artei productivității	77
21.	Capitolul 21: Zece întrebări zilnice pentru motivație și disciplină	81
22.	Glosar	85
23.	Referințe Bibliografice	89
24.	Cerere de recenzie de carte	101
25.	Despre autor	103
26.	Scris tot de autor	105
27.	Despre editor	115

Introducere

V-ați săturat să vă simțiți blocat, copleșit și neproductiv? Ați amânat sarcini importante doar pentru a fi bântuit de termene limită iminente și de obiective neîndeplinite? Dacă da, această carte este pentru dvs.

„Acum: Învigând Procrastinarea și Propulsând Productivitatea" abordează psihologia complexă a procrastinării și oferă strategii practice, bazate pe știință, pentru a vă ajuta să o depășiți. Fie că sunteți un student care se luptă să țină pasul cu temele, un profesionist care dorește să exceleze în carieră sau cineva care pur și simplu vrea să își folosească mai bine timpul, această carte vă va oferi instrumentele de care aveți nevoie pentru a vă transforma viața.

Cartea demontează miturile comune despre lene și procrastinare, dezvăluind că aceste etichete simplifică adesea excesiv probleme psihologice mai profunde care necesită o abordare plină de compasiune și holistică. Înțelegând adevărata natură a motivației și aliniindu-ți acțiunile la cele mai profunde valori și aspirații ale tale, poți debloca o sursă de energie și motivație care te va propulsa către obiectivele tale.

Pe parcursul cărții, sunt explorate fundamentele motivației, puterea formării obiceiurilor și importanța creării unui mediu favorabil. Sunt oferite strategii practice pentru acțiune imediată, ajutându-vă să rupeți ciclul amânării și să obțineți un succes de durată. Fie că doriți să vă îmbunătățiți abilitățile de gestionare a timpului, să cultivați autodisciplina sau să dobândiți o înțelegere mai profundă a dumneavoastră, această carte vă va servi drept foaie de parcurs către o viață mai plină de satisfacții și mai productivă.

Învățați să acceptați provocările, să depășiți îndoielile și să vă creați o viață care să vă reflecte sinele autentic. Nu lăsați procrastinarea să vă împiedice să mergeți mai departe. Faceți astăzi primul pas către un viitor mai luminos.

Capitolul 1: Înțelegerea adevăratei motivații

În societatea noastră rapidă, termenii „leneș" și „procrastinator" sunt adesea folosiți pentru a eticheta comportamentele neproductive. Cu toate acestea, aceste etichete sunt superficiale și nu abordează problemele psihologice subiacente. Ele simplifică excesiv probleme complexe care își au rădăcinile în neînțelegerea noastră asupra motivației umane.

Contrar credinței populare, motivația nu este o resursă limitată care trebuie reumplută constant. Motivația adevărată și durabilă provine din alinierea acțiunilor noastre cu valorile și aspirațiile noastre cele mai profunde. Atunci când ne implicăm în activități care rezonează cu sinele nostru autentic, găsim în mod natural energia și motivația de a persevera, chiar și în fața provocărilor.

Din păcate, mulți dintre noi am fost condiționați să urmărim obiective și activități care nu se aliniază cu sinele nostru interior.

Am fost învăţaţi să căutăm validarea externă, să urmărim idealurile sociale de succes şi să ne conformăm aşteptărilor altor persoane. Această deconectare între acţiunile noastre şi adevăratele noastre dorinţe poate duce la un sentiment profund de deziluzie, frustrare şi, în cele din urmă, la procrastinare.

În acest context, termenul „leneş" este înşelător. Mai degrabă decât să reprezinte un defect de caracter sau o lipsă de voinţă, procrastinarea este adesea un mecanism de coping. Mintea noastră ne protejează de confruntarea cu limitele, temerile şi nevoile noastre nesatisfăcute împiedicându-ne să ne îndeplinim sarcinile. Pentru a ieşi din acest ciclu, trebuie să identificăm şi să rezolvăm problemele subiacente. Acest lucru poate implica explorarea experienţelor din copilărie, a credinţelor şi aşteptărilor interiorizate. De asemenea, trebuie să ne confruntăm temerile, nesiguranţa şi rezistenţa la schimbare. Prin autodescoperire, dobândim o înţelegere mai profundă a noastră.

Prin alinierea obiectivelor şi acţiunilor noastre cu valorile şi pasiunile noastre fundamentale, transformăm o sarcină într-o călătorie plină de satisfacţii. Transformând sarcinile în experienţe captivante, satisfăcătoare şi progresive, ne creştem motivaţia şi promovăm un sentiment de stăpânire şi control asupra vieţii noastre. Abordarea luptelor noastre cu entuziasm, bunătate şi dorinţa de a învăţa ne poate îmbunătăţi considerabil capacitatea de a depăşi procrastinarea şi de a duce vieţi mai împlinite şi mai productive.

Productivitatea fără efort nu înseamnă dobândirea mai multor abilităţi sau programe rigide, ci înţelegerea motivaţiilor noastre şi alinierea acţiunilor noastre cu adevăratele noastre dorinţe. Prin adoptarea acestei abordări holistice, este posibil să depăşim procrastinarea şi să obţinem o dezvoltare personală şi o împlinire dincolo de aşteptările sociale.

Una dintre principalele cauze ale amânării este convingerea că ar trebui să obţinem succesul prin intermediul standardelor acceptate social. Cu toate acestea, succesul nu se măsoară prin îndeplinirea sarcinilor sau primirea de premii şi laude sociale, ci prin profunzimea cunoaşterii de sine şi calitatea vieţii. Adesea, abaterea de la aşteptările sau percepţiile altor persoane înseamnă să ne simţim reuşiţi atunci când alţii ne văd ca pe nişte eşecuri. Pe de altă parte, mulţi oameni devin demotivaţi după ce ating un anumit nivel de popularitate.

Motivaţia ne modelează acţiunile, ne alimentează ambiţiile şi, în cele din urmă, determină cursul vieţii noastre. Totuşi, pentru a exploata puterea motivaţiei, trebuie să pătrundeţi în interacţiunea complexă dintre autonomie şi măiestrie. Autonomia, sentimentul de autodeterminare şi de control asupra propriei vieţi constituie baza motivaţiei. Atunci când ne simţim împuterniciţi să facem propriile alegeri şi să ne trasăm propriul curs, se aprinde un impuls intern puternic.

Această autonomie merge dincolo de simpla libertate faţă de constrângerile externe şi include un sentiment profund de responsabilitate pentru acţiunile noastre şi pentru rezultatele acestora. Pe de altă parte, atunci când ne simţim controlaţi sau manipulaţi, motivaţia noastră se termină şi este înlocuită de resentimente şi apatie. Numai prin autodeterminare trecem la următorul nivel al vieții noastre, angajați în căutarea nesfârșită de a deveni mai buni și de a ne îmbunătăți continuu abilitățile.

Această dorință umană înnăscută de a excela, de a dobândi competențe și de a atinge măiestria în activitățile pe care ni le-am ales ne alimentează pasiunea și ne susține motivația. Măiestria nu înseamnă perfecțiune, ci un proces continuu de creștere și dezvoltare. Înseamnă să acceptăm provocările, să învățăm din greșeli și să ne îmbunătățim constant meseria. Stăpânirea unei abilități, depășirea obstacolelor și atingerea unui nivel superior de competență oferă o satisfacție extrem de satisfăcătoare și intrinsec motivantă.

Pe scurt, procrastinarea apare atunci când acțiunile noastre nu corespund dorințelor noastre reale. Pentru a o depăși, trebuie să ne asigurăm că obiectivele noastre sunt aliniate cu valorile noastre fundamentale și cu ceea ce ne face fericiți.

Capitolul 2: Puterea scopului în motivație

Scopul este busola care ne ghidează către demersuri cu impact și semnificație. Acesta ne permite să vedem clar modul în care acțiunile noastre contribuie la ceva mai mare decât noi înșine, fie că este vorba de a-i servi pe alții, de a crea ceva frumos și semnificativ sau de a trăi în conformitate cu valorile noastre. Fără un sens al scopului, chiar și cei mai pricepuți și autonomi indivizi pot experimenta un sentiment profund de goliciune și insatisfacție.

Interacțiunea dintre autonomie, măiestrie și scop creează o sinergie puternică care transformă activitățile banale în realizări reale și durabile. Această sinergie ne permite să ne creăm propriul destin. Cu toate acestea, peisajul motivațional al fiecărui individ este unic, modelat de experiențele, valorile și aspirațiile personale. Pentru a vă debloca întregul potențial, este esențial să înțelegeți complexitatea propriilor motoare motivaționale și să identificați factorii care vă inspiră și vă energizează cu adevărat.

În centrul acestei căutări se află distincția dintre motivația intrinsecă și cea extrinsecă. Motivația intrinsecă, alimentată de o pasiune autentică pentru sarcina în sine, conduce adesea la niveluri mai ridicate de creativitate, persistență și satisfacție generală. În schimb, motivația extrinsecă, determinată de recompense sau stimulente externe, poate fi eficientă pe termen scurt, dar nu are puterea de durată a motivațiilor intrinseci. Dincolo de această dihotomie, apar alte motivații puternice, cum ar fi căutarea statutului și influența dovezii sociale.

Dorința de recunoaștere și validare poate fi o forță puternică, determinând indivizii să obțină realizări remarcabile. Cu toate acestea, ea trebuie echilibrată cu un puternic simț al impulsului interior, pentru a împiedica ambiția excesivă să preia controlul. În mod similar, tendința de a ne conforma comportamentelor și convingerilor semenilor noștri poate oferi un sentiment de apartenență și validare, dar poate, de asemenea, înăbuși individualitatea și dezvoltarea personală.

Căutarea măiestriei este strâns legată de motivația intrinsecă. Prin alinierea obiectivelor și acțiunilor dvs. cu cele mai profunde motivații intrinseci și prin încorporarea strategică a motivatorilor extrinseci și a altor factori de influență, puteți crea un ecosistem sinergic de motivație care vă propulsează înainte cu o determinare neclintită. Este un proces continuu de auto-reflecție care necesită o adaptare constantă la schimbarea mediului de lucru, a relațiilor și a intereselor personale.

La locul de muncă, de exemplu, a rămâne motivat necesită o înțelegere clară a valorilor și obiectivelor tale, o concentrare pe impactul pozitiv al contribuţiilor tale şi o legătură cu colegii care îţi împărtăşesc valorile. Căutarea oportunităţilor de dezvoltare profesională care se aliniază cu aspiraţiile dumneavoastră facilitează această aliniere.

În relaţiile personale, comunicarea deschisă, respectul reciproc şi obiectivele comune sunt esenţiale pentru menţinerea motivaţiei şi încurajarea unor relaţii sănătoase. Atunci când apar provocări, căutarea activă de soluţii, cultivând în acelaşi timp empatia şi înţelegerea, este esenţială pentru depăşirea resentimentelor şi menţinerea angajamentului faţă de relaţie. Înţelegerea motivaţiei umane, atât la noi înşine, cât şi la ceilalţi, este fundamentală pentru obţinerea unui succes durabil.

Motivaţia este o interacţiune complexă a factorilor psihologici şi emoţionali care ne influenţează acţiunile şi deciziile. Atunci când oamenii se simt împuterniciţi să facă alegeri în conformitate cu valorile şi aspiraţiile lor, este mai probabil să se implice în sarcini cu entuziasm şi perseverenţă. Încrederea în sine le permite oamenilor să preia controlul asupra vieţii lor şi să depăşească orice provocare. Prin urmare, trebuie să rămânem vigilenţi pentru a ne asigura că valorile noastre sunt aliniate cu cele ale celorlalţi şi că toată lumea urmăreşte acelaşi scop.

Persoanele care îşi pun propriile interese înaintea celorlalţi au puţine şanse să formeze parteneriate de afaceri, prietenii sau căsnicii de succes. Atunci când ne aliniem scopul cu valorile noastre şi ale celorlalţi, creăm o sursă de determinare care ne susţine chiar şi în cele mai dificile circumstanţe. Această concentrare creează reziliență, menține coeziunea grupului și ne permite să depășim eșecurile cu un angajament neclintit.

Pentru a realiza acest lucru, trebuie să începem cu pași mici, să ne concentrăm pe una sau două schimbări gestionabile la un moment dat și să ne sărbătorim succesele treptat. Amintiți-vă că motivația, ca și igiena personală, necesită îngrijire zilnică și efort constant. Trebuie să ne hrănim mintea cu gânduri și modele constructive pentru a crea o bază solidă pentru creștere și împlinire. Această abordare proactivă ne menține angajați și concentrați asupra obiectivelor noastre. Prin înțelegerea și cultivarea motivațiilor noastre intrinseci, ne putem construi o viață plină de scop și împlinire, care transcende atracția superficială a recompenselor externe.

Pe scurt, înțelegerea a ceea ce ne motivează este fundamentală pentru succesul pe termen lung. Atunci când acționăm în conformitate cu valorile și obiectivele noastre, ne valorificăm propriul impuls interior, care ne determină să realizăm lucruri incredibile. Această aliniere ne face mai puternici, promovează munca în echipă și ne dă curajul de a persevera în fața provocărilor.

Capitolul 3: Crearea unui mediu suportiv pentru o motivație susținută

Este esențial să ne înconjurăm de oameni care ne susțin și care ne provoacă să fim cea mai bună versiune a noastră. Trebuie să învățați să distingeți conexiunile autentice de cele bazate pe superficialitate sau invidie, deoarece calitatea relațiilor are un impact semnificativ asupra motivației. Încrederea în instinctele tale, care adesea dezvăluie adevăruri dincolo de mintea rațională, este o abilitate importantă care nu ar trebui neglijată. Ele ne ajută să ne adaptăm la mediul în continuă schimbare din viața noastră. Adaptarea la această fluiditate ne permite să ne modelăm activ peisajul motivațional, mai degrabă decât să reacționăm pur și simplu la circumstanțe.

Viața este o interacțiune complexă a factorilor care modelează comportamentul uman. Acești factori, cum ar fi căutarea unui sens, nevoia de securitate, evitarea durerii și căutarea plăcerii, joacă un rol central în acțiunile și deciziile umane. Recunoașterea acestei interacţiuni ne permite să ne aliniem obiectivele şi comportamentele cu mediul ideal pentru ca acestea să se dezvolte. Atunci când găsim sens în munca noastră, siguranţă în relaţiile noastre şi oportunităţi de dezvoltare personală, motivaţia noastră atinge cote maxime.

Atunci când aceste motoare sunt dezechilibrate, ne putem trezi blocaţi în procrastinare şi într-un sentiment profund de deconectare de la sinele nostru adevărat. De exemplu, angajamentul neclintit de a perfecţiona abilităţile şi de a depăşi limitele care alimentează dorinţa de măiestrie poate fi un motivator puternic, conducând la realizări remarcabile. Cu toate acestea, dacă ne aflăm într-un mediu nepotrivit, această determinare poate duce la eşecuri, resentimente, invidie şi diverse încercări din partea altor persoane de a ne sabota rezultatele.

În mod similar, influenţa dovezilor sociale poate fi o sabie cu două tăişuri, oferind un sentiment de apartenenţă şi validare, dar existând şi riscul de a sufoca individualitatea şi de a limita dezvoltarea personală. Cheia este cultivarea unei abordări echilibrate pentru a obţine o motivaţie şi o împlinire durabile. Motivaţia implică, de asemenea, aplicarea strategică a tehnicilor de cultivare a acesteia în diferite contexte de viaţă. Fără presiune externă, ne bazăm pe impulsul nostru interior pentru a persevera.

Atunci când ne simţim izolaţi, trebuie să ne stabilim obiective clare şi realizabile, să descompunem sarcinile mari în paşi mai mici şi mai uşor de gestionat şi să sărbătorim fiecare realizare pe parcurs. Adesea, promovarea automotivării implică depăşirea obstacolelor interne, cum ar fi îndoiala de sine. Cu toate acestea, prin contestarea activă a vorbirii negative despre sine, este posibil să vă eliberați de aceste tipare. Înlocuirea autocriticii cu autocompătimirea și adoptarea unei mentalități de creștere ne permit să perseverăm în fața adversității.

Aprofundându-ne gândurile, emoțiile și comportamentele, putem identifica tiparele care duc la procrastinare și le putem întrerupe în mod conștient. De multe ori devenim criticii noștri cei mai duri, reproșându-ne neajunsurile percepute și perpetuând un ciclu al îndoielii de sine și al evitării. Cu toate acestea, învățând să ne tratăm cu aceeași bunătate și înțelegere pe care le-am acorda unui prieten valoros, ne putem elibera de acest tipar distructiv și ne putem înfrunta obiectivele cu încredere și determinare reînnoite.

Motivația este un proces dinamic care necesită hrănire și ajustare constante. Pentru a continua să mergem înainte și a evita întoarcerea la amânare, avem nevoie de strategii pentru a menține motivația, a cultiva autodisciplina și a îmbrățișa flexibilitatea. Cu toate acestea, este important să fim conștienți de faptul că sentimentul de a fi copleșit poate declanșa procrastinarea. Atunci când ne confruntăm cu sarcini mari sau complicate, ne putem simți intimidați de dimensiunea a ceea ce trebuie făcut. Acest sentiment copleșitor poate duce la o stare de paralizie, în care ne chinuim să identificăm punctul de plecare.

Incapacitatea de a împărți sarcinile în etape ușor de gestionat exacerbează sentimentele de anxietate și inadecvare, alimentând și mai mult ciclul de amânare. În plus, deficitele de atenție, cauzate de afecțiuni precum ADHD (tulburarea de hiperactivitate cu deficit de atenție) sau de distragerile constante ale lumii noastre moderne, contribuie semnificativ la amânare. Persoanele cu deficit de atenție au adesea dificultăți în a se concentra asupra sarcinilor, ceea ce face dificilă începerea și finalizarea activității.

Atracția unor activități mai imediat satisfăcătoare, cum ar fi navigarea pe rețelele de socializare sau pe internet, ne împiedică și mai mult capacitatea de a rămâne pe drumul cel bun. Cu toate acestea, prin punerea în aplicare a unor strategii care să abordeze aceste provocări, este posibil să se creeze un mediu care să sprijine motivația susținută și dezvoltarea personală.

Pe scurt, înconjurarea de persoane care vă sprijină și crearea unui mediu echilibrat sunt esențiale pentru menținerea motivației. Înțelegerea importanței sensului, siguranței și plăcerii ne permite să creăm obiective și comportamente care se aliniază cu adevăratul nostru sine.

Capitolul 4: Strategii holistice pentru creșterea productivității

S trategiile practice, cum ar fi optimizarea mediului de lucru, utilizarea eficientă a tehnologiei și aplicarea tehnicilor de gestionare a timpului, pot crește semnificativ productivitatea. Crearea unui spațiu de lucru concentrat și lipsit de distrageri, stabilirea unor priorități clare și utilizarea unor instrumente precum Tehnica Pomodoro ne pot ajuta să rămânem concentrați pe sarcini și să ne atingem obiectivele.

Tehnica Pomodoro este o metodă de gestionare a timpului care împarte munca în intervale de 25 de minute, cu pauze scurte între ele. După patru Pomodoro, este necesară o pauză mai lungă. Aceste pauze regulate ajută la prevenirea epuizării și la menținerea clarității mentale.

Cu toate acestea, este important să ne amintim că productivitatea nu înseamnă doar bifarea sarcinilor, ci și trăirea unei vieți împlinite şi cu un scop precis. Deşi recompensele externe, cum ar fi câştigul financiar, teama de pedeapsă sau dorinţa de aprobare socială, pot fi eficiente pe termen scurt, adesea acestea nu oferă împlinirea de durată şi impulsul intern pe care îl poate oferi motivaţia intrinsecă.

În plus, trebuie să învăţăm să recunoaştem şi să apreciem momentele în care adversitatea poate fi depăşită cu bucurie, precum şi momentele în care durerea precede adesea vindecarea. Această înţelegere ne permite să ne reformulăm perspectiva, îmbrăţişând natura ciclică a vieţii şi oportunităţile de creştere care apar chiar şi din cele mai dificile obstacole. Recunoaşterea faptului că armonia interioară precede succesul exterior necesită o autoevaluare sinceră şi curajul de a înfrunta convingerile limitative care ne modelează viaţa.

Această abordare nu urmăreşte perfecţiunea, ci curajul de a ne contesta convingerile limitative şi zonele de confort. Viaţa este un puzzle complex, iar a o îmbrăţişa înseamnă a găsi echilibrul între toate lucrurile importante. Acestea includ autocontrolul, sănătatea, relaţiile, învăţarea, creativitatea, distracţia şi stabilitatea financiară. Această abordare holistică a stabilirii obiectivelor merge dincolo de modul tradiţional de stabilire a obiectivelor.

În centrul tuturor se află autocontrolul, fundaţia pe care se sprijină toate celelalte. Învăţând să ne controlăm impulsurile, emoţiile şi comportamentul, ne dezvoltăm disciplina şi rezilienţa. Stabilind obiective care ne ajută să ne dezvoltăm autocontrolul, dobândim puterea de a depăşi provocările şi tentaţiile care ne stau în cale. Cu toate acestea, autocontrolul şi sănătatea sunt strâns legate.

Atunci când avem grijă de corpul şi mintea noastră, ne simţim mai bine. Trebuie să facem exerciţii în mod regulat, să mâncăm alimente sănătoase şi să facem lucruri care ne ajută să ne relaxăm şi să gândim limpede. Atunci când avem grijă de noi înşine, nu numai că devenim mai puternici şi mai sănătoşi, dar şi mai încrezători şi capabili să facem faţă la orice ne rezervă viaţa.

Relaţiile sunt la fel de importante, deoarece au un impact semnificativ asupra sănătăţii noastre mintale şi a fericirii. În acest domeniu, obiectivele se pot concentra pe consolidarea relaţiilor existente, dezvoltarea de noi legături semnificative sau îmbunătăţirea abilităţilor de comunicare. Relaţiile sănătoase oferă sprijin emoţional, încurajare şi stimulează responsabilitatea.

Învăţarea este o călătorie de-a lungul întregii vieţi, care ne lărgeşte orizonturile şi ne îmbunătăţeşte capacitatea de a inova. Fie prin educaţie formală, fie prin dobândirea de noi competenţe prin lectură sau prin explorare autodidactă, ne cultivăm o curiozitate insaţiabilă şi adaptabilitatea - calităţi esenţiale într-o lume în continuă schimbare. Prin extinderea continuă a cunoştinţelor noastre, ne deschidem către noi oportunităţi de dezvoltare personală şi profesională şi ne pregătim să prosperăm în faţa provocărilor în continuă evoluţie.

Cu toate acestea, doar cunoştinţele nu sunt suficiente pentru a ne adapta la o lume în continuă schimbare. Creativitatea apare ca o forţă puternică care le permite indivizilor să genereze idei noi şi să se exprime în mod autentic. Pentru a ieşi în evidenţă, oamenii au nevoie de competenţele corecte şi cele mai actuale, de capacitatea de a analiza perspective diferite, de a gândi diferit şi de curajul de a-şi recunoaşte şi accepta emoţiile. Participarea la activităţi creative nu numai că aduce bucurie, ci şi consolidează rezolvarea problemelor, în beneficiul vieţii noastre personale şi profesionale.

Este important să nu confundăm creativitatea cu petrecerea timpului liber. Obiectivele recreative gravitează în jurul petrecerii timpului liber, relaxării şi activităţilor care ne aduc bucurie şi întinerire. Timpul dedicat timpului liber ne permite să ne reîncărcăm bateriile mentale şi emoţionale, să prevenim epuizarea şi să promovăm o integrare mai sănătoasă între viaţa profesională şi cea personală. Este important să ne amintim că nevoia de autodezvoltare, relaxare şi dobândirea bogăţiei nu sunt demersuri separate, aşa cum cred mulţi oameni.

Deşi averea nu este singurul indicator al succesului, aceasta oferă siguranţă financiară şi libertate, facilitând urmărirea altor obiective. Cu toate acestea, este important ca obiectivele legate de avere să fie aliniate cu valorile şi etica noastră, pentru a ne asigura că prosperitatea financiară nu ne afectează integritatea sau bunăstarea.

Pe scurt, adevărata productivitate constă în a trăi o viaţă fericită şi plină de sens. Concentrându-vă pe autocontrol, având grijă de sănătatea dumneavoastră, cultivând relaţiile, învăţând lucruri noi, fiind creativi, găsind bucurie şi atingând stabilitatea financiară, puteţi dezvolta un sentiment holistic de autoîngrijire.

Capitolul 5: Valorificarea mentoratului și a gestionării timpului pentru succes

Îndrumarea din partea mentorilor poate fi foarte valoroasă. Conectarea cu colegi care pot oferi încurajare, responsabilitate și perspective diferite ne poate îmbunătăți considerabil progresul și ne poate menține motivația ridicată. De asemenea, ei ne pot ajuta să ne modelăm acțiunile. Fiecare acțiune pe care o întreprindem reflectă convingerile, dorințele și prioritățile noastre interioare. Cum totul în viață necesită investiții, diferența în rezultatele noastre poate fi semnificativă dacă alocăm cu înțelepciune cea mai prețioasă resursă a noastră: timpul.

Gestionarea eficientă a timpului merge dincolo de simpla planificare a sarcinilor; aceasta implică prioritizarea conștientă a activităților care se aliniază cu adevărat obiectivelor noastre pe termen lung. Aceste obiective servesc drept bază pentru construirea unei rutine structurate care se integrează perfect în viața noastră de zi cu zi. Consecvența este esențială, deoarece cercetările arată că este nevoie de o medie de 66 de zile pentru a forma un nou obicei. Pentru a crea o buclă de feedback pozitiv care să ne consolideze progresul și să ne impulsioneze, ar trebui să începem cu pași mici și să creștem treptat durata sau intensitatea comportamentelor noastre dorite.

Sărbătorirea micilor victorii pe parcurs ne consolidează încrederea și promovează un sentiment de realizare care ne motivează. Recompensele consolidează asocierea dintre un comportament și un rezultat pozitiv, crescând probabilitatea de a repeta obiceiul. Întrucât fiecare acțiune derivă dintr-o emoție, trebuie să ne aliniem gândurile, sentimentele și comportamentele pentru a ne atinge obiectivele. Cultivând o atitudine pozitivă și creând un mediu propice obiceiurilor productive, ne apropiem de acestea.

Această atitudine pozitivă poate fi consolidată atunci când credem în rezultatele noastre. Capacitatea de a vedea intangibilul și de a avea încredere în aspirațiile noastre este un exemplu al puterii credinței. De fapt, cercetările au arătat că o încredere excesivă în recompensele extrinseci poate submina uneori motivația intrinsecă. Persoanele pot începe să vadă o activitate mai degrabă ca pe un mijloc de a atinge un scop, decât ca pe o sursă de plăcere. Acesta este motivul pentru care mulți oameni bogați subliniază faptul că banii nu sunt scopul final, spre deosebire de cei care îi văd ca pe o soluție la problemele lor.

Diferența dintre cei bogați și cei mai puțin norocoși constă, de obicei, în modul în care înțeleg de unde provine bogăția. Cei bogați recunosc că bogăția provine dintr-o minte avizată, din puterea ideilor și din punerea în aplicare proactivă a acestor idei, depășind teama de eșec, în timp ce cei mai puțin norocoși pot neglija nevoia de educație în favoarea utilizării economiilor lor, crezând că norocul, nu inteligența, este cea mai sigură cale de a scăpa de sărăcie. Această mentalitate nu numai că perpetuează greutățile financiare, dar contribuie și la o stare spirituală de sărăcie care afectează generațiile viitoare născute în astfel de medii.

În contexte religioase, cei bogați se roagă adesea pentru oportunități, în timp ce cei mai puțin norocoși se roagă pentru bani. Cu toate acestea, banii pot fi volatili și adesea duc la câștiguri pe termen scurt, în timp ce oportunitățile pentru afaceri de lungă durată pot oferi securitate financiară de durată. În loc să se concentreze exclusiv pe bani, poate fi mai benefic pentru cei mai puțin norocoși să caute un loc de muncă și să își construiască un viitor stabil. Atunci când primesc în mod neașteptat mai mulți bani sau binecuvântări financiare, adesea cheltuiesc impulsiv și ajung înapoi de unde au plecat. Această tendință este legată de teama de bogăție.

Schimbarea eficientă a acestei mentalități necesită o transformare psihologică profundă, inclusiv o reevaluare a convingerilor despre bani, o mai mare disciplină, o stimă de sine sporită și un simț al responsabilității. Studiile sugerează că combinarea credinței cu imaginile mentale poate crește stima de sine și simțul responsabilității. Un studiu realizat de Holmes și Collins (2001) sugerează că imaginile mentale pot îmbunătăți performanța fizică prin crearea unui plan mental corespunzător experienței reale.

Această tehnică a fost utilizată cu succes în psihologia sportului pentru a îmbunătăți performanța atletică. Tehnicile de vizualizare, care implică repetarea mentală a rezultatelor dorite, pot fi foarte eficiente în îmbunătățirea performanțelor și atingerea obiectivelor. În plus, un studiu realizat de Pham și Taylor (1999) a constatat că simulările mentale bazate pe proces, care implică vizualizarea etapelor necesare pentru atingerea unui obiectiv, sunt mai eficiente decât simulările bazate pe rezultat, care se concentrează doar pe rezultatul final dorit.

Vizualizarea eficientă implică imaginarea nu numai a rezultatului dorit, ci și a etapelor și acțiunilor necesare pentru atingerea acestuia, crescând șansele de succes. Această vizualizare bazată pe proces crește, de asemenea, motivația.

Pe scurt, pentru a vă atinge obiectivele, este esențial să știți cum să gestionați bine timpul. Menținerea unei atitudini pozitive, credința în obiectivele dvs. și utilizarea vizualizării vă pot ajuta să rămâneți motivați și să obțineți succesul. Prin alinierea acțiunilor dvs. la valorile dvs. fundamentale, veți fi pe calea cea bună pentru a vă îmbogăți și a obține un succes de durată.

Capitolul 6: Transformarea termenelor limită în oportunități

Interacțiunea dinamică dintre anticipare, întărire și provocare creează un peisaj motivațional care încurajează persoanele să își urmărească obiectivele cu un angajament neclintit. Tehnicile de vizualizare sunt esențiale pentru a depăși eșecurile, pentru a crea anticipare și pentru a stimula încrederea în obținerea rezultatelor dorite, în ciuda obstacolelor și a provocărilor întâmpinate.

Menținerea speranței și a credinței într-un anumit rezultat ne permite să vedem intangibilul, ceea ce este fundamental în fața adversității. Atunci când ne aliniem activitățile zilnice cu un sens clar al scopului, împreună cu credința și vizualizarea rezultatelor dorite, devenim o sursă inepuizabilă de inspirație, creativitate și determinare. Prin alinierea conștientă a gândurilor, credințelor și acțiunilor noastre la acești piloni, ne eliberăm de procrastinare și ne atingem adevăratul potențial.

Cu toate acestea, numai prin înţelegerea factorilor care stau la baza comportamentului nostru ne putem modela în mod conştient motivaţiile şi le putem alinia cu cele mai profunde valori şi aspiraţii ale noastre. Acest proces implică confruntarea cu iluziile şi îmbrăţişarea dezvoltării personale, chiar şi atunci când este provocator şi izolator. De asemenea, este necesar să recunoaştem că limitările noastre sunt adesea construcţii mentale autoimpuse.

Pe măsură ce ne extindem cunoştinţele şi ne dezvoltăm abilităţile, trebuie să respingem mediile şi persoanele care ne împiedică să progresăm şi să ne atingem obiectivele. Ideea că nu ar trebui să ne împărtăşim visele cu alţii derivă din acest adevăr fundamental, deşi este mai înţelept să evităm să ne asociem cu oameni cu care nu ne putem împărtăşi viaţa.

Această capacitate de discernământ necesită umilinţa de a ne recunoaşte punctele forte şi punctele slabe şi de a căuta în mod activ oportunităţi de învăţare, experimentare şi provocare, chiar şi în faţa incertitudinii sau a riscului de eşec. Cea mai durabilă sursă de motivaţie este căutarea unei vieţi pline de sens, plină de obstacole pe care le putem depăşi. Cu toate acestea, adesea ignorăm acest lucru atunci când permitem oamenilor să intre în viaţa noastră şi credem că îi putem schimba cu argumente. Această abordare este o pierdere de timp şi de energie.

Scopul transcende nevoia de acceptare externă, aprobare sau bogăţie materială. Este o înţelegere profundă a faptului că timpul nostru pe pământ este limitat şi că modul în care îl folosim contribuie la realizarea viziunii noastre personale asupra unui viitor ideal care transcende călătoria noastră fizică. Cultivarea unui sens al scopului necesită introspecție și reflecție asupra valorilor noastre fundamentale, pasiunilor și moștenirii pe care dorim să o lăsăm în urmă. Aceasta include identificarea cauzelor care rezonează cu noi și imaginarea impactului pe care dorim să îl avem asupra lumii.

Relațiile semnificative bazate pe respect reciproc, compasiune și un sentiment comun al scopului oferă resursele emoționale, practice și intelectuale necesare pentru a depăși amânarea. Căutarea și acceptarea ajutorului din partea celorlalți este un semn de putere, nu de slăbiciune. Recunoscându-ne limitele și fiind deschiși să cerem sprijin, ne demonstrăm angajamentul față de propria dezvoltare. Acest lucru este valabil mai ales atunci când vine vorba de termene limită.

Departe de a fi simple restricții, termenele limită, atunci când sunt folosite cu pricepere, pot servi ca instrumente puternice pentru identificarea eficientă a elementelor din viața noastră care ne propulsează înainte și a celor care ne împiedică progresul. Termenele limită creează un sentiment de urgență și concentrare, ajutându-ne să prioritizăm sarcinile, să ne îmbunătățim gestionarea timpului și să ne mobilizăm resursele. Această stare accentuată de concentrare ne crește productivitatea și promovează un sentiment profund de împlinire atunci când ne atingem obiectivele.

Pentru a exploata în mod eficient puterea termenelor limită, trebuie să contestăm în mod activ vorbirea negativă despre sine, să vizualizăm rezultatele dorite și să împărțim sarcinile mari în etape ușor de gestionat. În acest fel, putem transforma termenele

limită, care sunt adesea surse de stres, în oportunități de împlinire
și dezvoltare personală. În loc să privim timpul ca pe un maestru
implacabil, putem învăța să îl folosim ca pe o resursă prețioasă
pentru a ne hrăni creșterea, pentru a înțelege mai bine adevărata
valoare a relațiilor noastre și pentru a ne îndeplini visele.

Pe scurt, atunci când sunt privite ca oportunități de dezvoltare și
împlinire personală, termenele limită devin instrumente incredibil
de puternice. Prin alinierea acțiunilor noastre la un sens clar al
scopului și la o credință de nezdruncinat în abilitățile noastre,
putem depăși amânarea și ne putem dezlănțui întregul potențial.
Acest proces implică confruntarea cu limitările autoimpuse,
căutarea de sprijin extern și cultivarea unor relații semnificative.

Capitolul 7: Crearea impulsului pentru succes

Uneori, marile noastre aspirații pot părea copleșitoare și ne împiedică să mergem mai departe. În loc să încercăm să rezolvăm totul deodată, împărțirea obiectivelor noastre în pași mai mici, mai ușor de gestionat, poate facilita progresul constant și crearea unui impuls. Schimbarea reală vine din executarea consecventă și disciplinată a unor acțiuni aparent nesemnificative.

Obiceiurile și rutinele zilnice, cum ar fi exercițiile fizice regulate, alimentația atentă și meditația, sunt fundamentale pentru succesul în toate domeniile vieții. Atunci când ne concentrăm pe obiective pe termen scurt care pot fi atinse în câteva zile sau săptămâni, acești pași mici pot oferi realizări tangibile și motivație pentru a continua să mergem înainte. Sărbătorirea acestor victorii creează o buclă de feedback pozitiv care ne alimentează dorința de a accepta următoarea provocare.

La fel ca o piatră care se rostogolește la vale, acțiunile noastre pot căpăta impuls și forță cu consecvență și scop. Fiecare sarcină şi etapă finalizată ne propulsează înainte, făcând ca obstacolele aparent insurmontabile pentru obiectivele noastre pe termen lung să pară mai uşor de atins. Prin alinierea obiceiurilor noastre zilnice şi a obiectivelor pe termen scurt cu aspiraţiile noastre mai mari şi mai ambiţioase, creăm un echilibru armonios în diferite aspecte ale vieţii noastre.

În mediul profesional, micropasii pot include rezervarea de timp în fiecare zi pentru dezvoltarea competenţelor, crearea de reţele sau planificarea strategică. Aceste mici acţiuni, atunci când sunt acumulate în timp, conduc la un progres constant către obiectivele noastre profesionale, fie că este vorba de asigurarea unei promovări, lansarea unei noi afaceri sau tranziţia către un domeniu de activitate mai satisfăcător.

În sfera financiară, paşii de bază includ bugetarea, economisirea şi gestionarea datoriilor. Urmând consecvent aceşti paşi mici, putem atinge obiective pe termen scurt, cum ar fi creşterea veniturilor prin activităţi secundare sau investiţii strategice. În acest fel, punem bazele stabilităţii financiare pe termen lung şi ale libertăţii de a ne urma pasiunile fără griji financiare.

În mod similar, abordarea în micro-etape poate fi la fel de transformatoare pentru bunăstarea noastră emoţională. Încorporând practici regulate de autoreflecţie, jurnalizare şi gestionare a stresului în rutinele noastre zilnice, ne cultivăm rezistenţa emoţională. În acest fel, facem faţă mai uşor provocărilor vieţii noastre personale şi profesionale.

Creşterea intelectuală este, de asemenea, favorizată de o abordare structurată a stabilirii obiectivelor. În loc să consumăm fără noimă cantități mari de informații, ne putem cultiva un obicei consistent de lectură prin stabilirea unor obiective realizabile, cum ar fi citirea a 20 de pagini pe zi, participarea activă la experiențe de învățare colaborativă și căutarea continuă a oportunităților de formare continuă și de îmbunătățire a competențelor. Pe măsură ce acești micro-pasuri se acumulează în timp, ne extindem cunoștințele și deschidem noi căi de dezvoltare personală și profesională.

Pe parcurs, nu puteți neglija sfera socială, deoarece conexiunile noastre cu ceilalți au un impact semnificativ asupra bunăstării și fericirii noastre. Prin stabilirea unor obiective mici legate de crearea de rețele, implicarea în comunitate și cultivarea relațiilor existente, putem construi treptat o rețea socială de susținere și îmbogățire care să aibă un impact pozitiv asupra vieții noastre. Cheia este să cultivăm relații care rezonează cu aspirațiile noastre și ne dau putere, mai degrabă decât să ne consume energia.

De exemplu, am avut nenumărate conversații cu antreprenori de succes din diferite națiuni, care m-au inspirat să produc cărți mai multe și mai bune. Percepția lor asupra lucrării mele ca fiind o minune atemporală capabilă să ridice suflete nenumărate m-a umplut de onoare și de responsabilitatea de a produce lucrări și mai bune. În schimb, majoritatea oamenilor din diverse medii pe care i-am întâlnit m-au făcut să mă simt inadecvat pentru că nu m-am conformat ideilor lor înguste despre ceea ce ar trebui să fie un scriitor, o carte sau stilul meu de viață. În timp ce unii mi-au lăudat libertatea de a călători, mulți au încercat să mă convingă că stilul meu de viață, obținut după un deceniu de diverse locuri de muncă, este greșit.

Influenţa negativă pe care cei mai mulţi oameni au exercitat-o asupra mea a fost evidentă în starea mea emoţională. Ei m-au demotivat, m-au făcut să-mi pierd interesul pentru munca mea şi m-au determinat adesea să procrastinez. În schimb, grupul de antreprenori pe care l-am întâlnit m-a inspirat să caut modalităţi de a mă îmbunătăţi pe mine şi munca mea. Această diferenţă este semnificativă şi nu poate fi ignorată. Mulţi oameni sunt mai interesaţi să ne vadă luptând, eşuând şi renunţând decât să ne vadă reuşind. Ei sunt mulţumiţi de eşecurile noastre, aşa cum reiese din zâmbetele lor în faţa epuizării noastre şi a lipsei de rezultate. Adesea, aceşti oameni fac parte din propria noastră familie.

Pe scurt, pentru a vă atinge visele, trebuie să le împărţiţi în paşi mai mici, mai uşor de gestionat. Luând măsuri consecvente şi disciplinate, cum ar fi obiceiurile zilnice şi obiectivele pe termen scurt, veţi construi un impuls şi vă veţi face visele pe termen lung mai realizabile. Pe parcurs, nu uitaţi să vă înconjuraţi de persoane pozitive şi care vă susţin şi care cred în capacităţile dumneavoastră.

Capitolul 8: Înfruntarea și depășirea rezistenței.

Cei care doresc să se îmbunătățească se confruntă adesea cu rezistență. Unii oameni sunt mulțumiți și îi dușmănesc pe cei care au curajul să își urmeze visele. Trebuie să mergem mai departe și uneori să ne confruntăm cu cei care încearcă să ne împiedice să ne atingem obiectivele. Acești oameni ne pot insulta sau chiar deveni violenți dacă nu suntem de acord cu ei sau cu modul în care facem față aroganței, egoismului și ideilor lor iluzorii despre viață.

Deși meditația și plimbările în parc ne pot ajuta să ne recăpătăm energia pentru a face față mediilor stresante, acestea nu sunt suficiente pentru a susține un efect motivațional pe termen lung. Persoanele cu care interacționăm au un impact semnificativ asupra nivelului nostru de motivație în timp și ne pot face să amânăm atunci când energia lor este scăzută. Pentru a rămâne productivi în mod constant, trebuie să identificăm clar aceste influenţe şi să facem un efort pentru a le evita.

Conştientizarea de sine, împreună cu măsurile proactive, oferă echilibrul ideal între sinele nostru autentic, energiile lumii şi expresia noastră creativă. Prin momente de contemplare, reflecţie şi gândire clară ne conectăm cu ceva dincolo de noi înşine şi ne aprofundăm înţelegerea locului nostru în univers. Provocările cu care ne confruntăm, lecţiile pe care le învăţăm şi legăturile pe care le facem pe parcurs ne modelează. Recunoaşterea modului în care totul ne afectează necesită, de asemenea, o înţelegere a relaţiei complexe dintre mediul nostru fizic, starea noastră mentală şi strategiile noastre de productivitate.

Un spaţiu de lucru bine conceput, lipsit de distrageri şi înconjurat de persoanele potrivite, favorizează concentrarea, colaborarea şi atingerea obiectivelor. Pentru a creşte productivitatea, trebuie să ne facem mediul de lucru cât mai eficient posibil. Aceasta înseamnă să ne organizăm cu atenţie mobilierul şi instrumentele, astfel încât tot ceea ce avem nevoie să fie la îndemână. De asemenea, dorim să creăm un mediu calm şi liniştit, care poate fi obţinut prin utilizarea căştilor cu anulare a zgomotului, oprirea notificărilor şi stabilirea unor zone de linişte specifice.

Cu toate acestea, realizarea acestui echilibru ideal între viaţa profesională şi cea privată poate fi deosebit de dificilă pentru lucrătorii la distanţă şi pentru contractanţii independenţi, care se confruntă cu provocarea unică de a separa mediul de lucru de cel personal. Pentru a menţine concentrarea în timpul orelor de lucru, lucrătorii independenţi pot stabili ore specifice, pot crea un spaţiu de lucru dedicat și își pot comunica disponibilitatea membrilor familiei sau colegilor de cameră.

Utilizarea tehnologiei poate simplifica procesele, îmbunătăți comunicarea și facilita colaborarea, contribuind la creșterea productivității. Software-ul de gestionare a proiectelor, platformele de comunicare și instrumentele de automatizare ne pot ajuta, de asemenea, să rămânem organizați, să reducem introducerea manuală de date și să eliberăm timp pentru activități strategice.

Cu toate acestea, este important să găsim un echilibru atunci când integrăm tehnologia la locul de muncă. Dependența excesivă de instrumentele digitale poate duce la supraîncărcarea cu informații și la creșterea numărului de distrageri. Ar trebui să ne evaluăm în mod regulat utilizarea tehnologiei pentru a ne asigura că aceasta este în concordanță cu obiectivele noastre de productivitate. Aceasta poate include organizarea fișierelor digitale, dezactivarea notificărilor inutile sau stabilirea unor ore specifice pentru verificarea e-mailului.

Autoevaluarea, un instrument puternic de creștere a conștiinței de sine, oferă informații valoroase despre tiparele noastre comportamentale și despre domeniile în care trebuie să ne îmbunătățim. Prin stabilirea unor standarde coerente, cu rezultate măsurabile, creăm un mediu favorabil creșterii și responsabilității. Înțelegerea motivelor care stau la baza acțiunilor noastre este fundamentală pentru promovarea schimbărilor de durată care ne ajută să ne atingem obiectivele pe termen lung. Recunoscând legătura dintre acțiunile, gândurile și emoțiile noastre, ne putem reorienta atenția către acțiuni care ne aduc mai aproape de obiectivele noastre, evitând distragerile cu aspectele banale ale vieții de zi cu zi.

Productivitatea noastră nu se referă doar la ceea ce facem sau la cât de eficienți suntem. Este vorba, de asemenea, despre modul în care facem față provocărilor, învățăm din greșelile noastre și continuăm să creștem. Pentru cei care se tem de eșec, a vedea greșelile și eșecurile ca oportunități de a învăța și de a crește poate reduce presiunea de a fi perfecți. Autoevaluarea oferă această oportunitate, deoarece poate fi utilizată ca metodă de evaluare personală și pentru a obține o mai mare conștientizare a declanșatorilor motivaționali și a elementelor care distrag atenția.

Pe scurt, ne confruntăm adesea cu rezistență atunci când ne urmărim visele, dar autocunoașterea și măsurile proactive ne pot ajuta să o depășim. Pentru a fi productivi, avem nevoie de un spațiu de lucru bun, să știm cum să ne folosim tehnologia și să ne rezervăm timp pentru a ne evalua. Productivitatea nu înseamnă doar să fii rapid, ci să crești și să te îmbunătățești.

Capitolul 9: Depășirea autosabotajului

Stabilirea unor așteptări realiste și acceptarea imperfecțiunii pot reduce semnificativ anxietatea la începerea sau finalizarea sarcinilor. Cunoașterea de sine promovează dezvoltarea personală, în timp ce iluziile pe care ni le creăm au adesea ca rezultat regretul. Atunci când motivația scade, este esențial să ne reconectăm cu motivele care ne-au determinat să ne stabilim obiectivele în primul rând. Reconectarea cu motivațiile și aspirațiile intrinseci care ne-au inspirat inițial poate reaprinde interesul și entuziasmul. Introducerea de varietate și noutate în rutina noastră poate, de asemenea, să reaprindă această scânteie. Implicarea în activități noi sau schimbarea abordării sarcinilor existente ne oferă o perspectivă nouă și o motivație reînnoită.

Atunci când aceste strategii nu funcționează, este important să recunoaștem că procrastinarea poate proveni din factori psihologici înrădăcinați în traume din trecut, frici, anxietăți și comportamente de auto-sabotare influențate de convingeri sau imagini de sine care se manifestă în gândurile și acțiunile noastre.

Confruntarea cu sinele nostru idealizat prin vizualizare, crearea unei imagini mentale a realizărilor dorite, ne permite să pătrundem în subconştientul nostru şi să reflectăm asupra a ceea ce ne reţine. Acest proces începe cu recunoaşterea emoţiilor noastre şi acceptarea faptului că ele ne conduc la sursa lor. Emoţiile ne conduc la amintirile noastre, unde redescoperim influenţe uitate asupra alegerilor şi comportamentelor noastre autosabotate.

De exemplu, opoziţia puternică a unei familii faţă de ideile noastre şi faţă de investiţiile noastre în demersurile actuale poate genera o teamă intensă de respingere. Această teamă ne poate împiedica să ne părăsim zona de confort sau să urmărim obiective financiare mai ambiţioase, chiar şi atunci când opoziţia lor nu mai are niciun impact asupra vieţii noastre. În mod similar, respingerea socială în vremuri de belşug ne poate lăsa traumatizaţi şi cu teama de a deveni mai bogaţi din cauza experienţelor trecute de insulte şi violenţă. Temerile noastre nu au întotdeauna o bază raţională, dar subconştientul nostru nu face distincţie între ameninţările reale şi cele imaginare. De fapt, traumele, temerile şi anxietăţile pe care le purtăm funcţionează ca mijloace naturale de apărare ale organismului nostru pentru a ne proteja de orice rău, fie el real sau imaginar.

Frica este un instinct înnăscut de supravieţuire, iar cei care nu îl au ajung adesea nefericiţi la sfârşitul vieţii. De exemplu, realizarea de selfie-uri de la înălţimi periculoase, mersul pe motocicletă fără cască sau condusul fără a ţine cont de ceilalţi participanţi la trafic sunt exemple de persoane care nu şi-au luat în considerare frica şi au murit din această cauză. Frica şi anxietatea sunt aspecte fundamentale ale corpului şi minţii care ne garantează supraviețuirea. Corpul nu va acorda prioritate unui vis în detrimentul propriei supraviețuiri. Prin urmare, este esențial să ne confruntăm și să ne neutralizăm temerile și anxietatea pe măsură ce ne urmărim obiectivele.

Este la fel de important să luăm în considerare modul în care visele noastre contribuie la supraviețuirea noastră. Mulți oameni se confruntă cu dificultăți financiare și nu reușesc să își împlinească visele din cauza unor convingeri contradictorii cu privire la supraviețuire. De exemplu, deși banii ne pot îmbunătăți viața, mulți oameni au convingerea adânc înrădăcinată că acumularea de bogății este egoistă și va împovăra prieteniile, va duce la pierderea respectului din partea membrilor familiei și chiar la respingerea de către comunitatea religioasă. Ca urmare, ei acordă prioritate statutului social în fața dificultăților financiare. În loc să se concentreze pe acumularea de bogății, multe persoane pun preț pe o viață socială bine dezvoltată și pe faptul de a fi respectate. Adesea, aceste persoane se consolează păstrând un loc de muncă nesatisfăcător sau mizerabil, chiar dacă nu recunosc deschis acest lucru.

Deși abaterea de la normele sociale ale mediului poate duce la eșec, acest eșec se datorează de obicei autosabotajului și amânării, mai degrabă decât ghinionului. Adevărul este că în spatele fiecărei povești a cuiva care nu a reușit să construiască o afacere de succes, există o persoană care a dat prioritate confortului în detrimentul muncii asidue și și-a neglijat simțul responsabilității. În schimb, s-a concentrat pe imaginea sa socială și familială. Au făcut acest lucru pentru că au ales acomodarea în locul acțiunii.

Pretinzând că am eşuat, ne înşelăm adesea pe noi înşine şi pe ceilalţi cu privire la motivele reale ale decăderii noastre. Acest lucru este valabil mai ales atunci când ne gândim că adevăratul eşec apare doar atunci când renunţăm. Înainte de eşec, oamenii caută adesea justificări interne sau externe pentru rezultatele lor, îmbolnăvindu-se singuri sau determinându-i pe alţii să le schimbe circumstanţele. Oamenii caută adesea scuze pentru a renunţa, în loc să îşi asume responsabilitatea pentru acţiunile lor. Ei doresc să evite autoculpabilizarea şi să explice eşecurile lor altora, fără a se simţi responsabili. Acceptarea responsabilităţii pentru propriile noastre eşecuri înseamnă să recunoaştem că noi înşine ne-am pregătit pentru ele, iar oamenii nu doresc acest lucru pentru că i-ar forţa să îşi asume responsabilitatea pentru rezultatele lor.

Pe scurt, stabilirea unor aşteptări realiste şi acceptarea imperfecţiunilor pot reduce anxietatea şi creşte motivaţia. Pentru a ne elibera de comportamentul de autosabotare, trebuie să înţelegem factorii psihologici din spatele procrastinării. Traumele şi temerile din trecut ne pot împiedica progresul, aşa că este esenţial să le confruntăm şi să le neutralizăm.

Capitolul 10: Confruntarea cu sabotajul social și disonanța cognitivă

Nu este neobișnuit ca oamenii să își saboteze propriile succese și pe cele ale altora pentru a se convinge de propriul adevăr și pentru a evita disonanța cognitivă. Îmi amintesc, de exemplu, cum anumite relaţii mi-au afectat negativ cariera de scriitor. Femeile cu care mă întâlneam credeau că sunt sortit eșecului și, pentru a face această credinţă congruentă cu realitatea, mă încurajau să cheltuiesc bani pe călătorii extravagante și mese în oraş, precum și să găsesc adesea scuze pentru a-mi încurca planurile, împiedicându-mi capacitatea de a-mi atinge obiectivele.

Acest model s-a extins la membrii familiei mele, care au refuzat să mă sprijine atunci când am decis să merg la facultate după ce am trăit pe străzi. Mai târziu, au refuzat, de asemenea, să mă ajute să încep o afacere, refuzându-mi fondurile de care aveam nevoie pentru a cumpăra o companie deja de succes. Chiar și prietenii de atunci au încercat să mă convingă că eforturile mele erau zadarnice.

Atunci când obțineam note bune, profesorii îmi invalidau rezultatele la examene, pretinzând că trebuie să le reiau pentru că mulți elevi au picat. Adevăratul motiv era că eu aveam cea mai mare notă și că personalitatea mea nu se potrivea cu idealul unui elev de succes. Nu mă potriveam cu ideea lor despre cum ar trebui să se comporte un cetățean de succes sau cum ar trebui să fie personalitatea sa. De asemenea, nu aveam un palmares care să-mi justifice rezultatele.

Oamenii încearcă să își mențină viziunea idealizată asupra lumii, asociată cu statutul social, ierarhia și ordinea, pentru a evita disconfortul de a se înșela cu privire la tot ceea ce cred ei că este adevărat. Ei ar prefera să sacrifice o oaie neagră în beneficiul tuturor celorlalți decât să accepte opinii incomode. De-a lungul vieții mele, am observat că mulți oameni vor face tot posibilul pentru a ne asigura căderea, mai ales când vine vorba de credințele religioase.

Adepții religioși susțin adesea că bogăția și spiritualitatea nu ar trebui să coexiste, că a munci din greu este un semn al lipsei de credință și că trebuie să ne bazăm exclusiv pe Dumnezeu. Cu toate acestea, aceste idei sunt absurde și implică faptul că munca grea este în mod inerent greșită. În consecință, ei încearcă să îi submineze pe cei care contestă aceste convingeri prin stilul lor de viață, chiar și atunci când aceste persoane recunosc și apreciază pur și simplu binecuvântările divine din viața lor pentru care s-au rugat.

Mulți dintre acești oameni au încercat, de asemenea, să mă împiedice să citesc și să scriu, susținând că fac un deserviciu umanității și că singurele cărți valoroase au fost deja scrise. Unii chiar mi-au sugerat să-mi iau o slujbă „adevărată" și mi-au respins scrierile ca fiind simple opinii personale, nefiind de acord cu punctele mele de vedere. Își puneau aroganța mai presus de adevăr, opiniile lor mai presus de cunoștințele mele și refuzau să ia parte la dezbateri, deoarece acest lucru i-ar fi obligat să-și recunoască propriile greșeli. Și, așa cum am descoperit adesea, nu erau de acord nici cu opiniile propriilor fondatori și își contraziceau propriile cărți.

Pe lângă dezacordurile dintre membrii unei anumite religii, găsim ambiguități în scripturile foarte vechi, dintre care multe au fost traduse în mod greșit. Aceasta înseamnă că putem obține interpretări contradictorii, în funcție de secțiunea din cărțile religioase pe care alegem să o analizăm și de modul în care interpretăm cuvintele din pasajele respective. În Matei 6:24, de exemplu, se spune: „Nimeni nu poate sluji la doi stăpâni. Căci nu poți sluji la doi stăpâni: ori îl urăști pe unul și îl iubești pe celălalt, ori ești devotat unuia și îl disprețuiești pe celălalt. Nu poți sluji lui Dumnezeu și banilor". Totuși, Proverbe 10:22 spune: „Binecuvântarea Domnului aduce bogăție fără muncă dureroasă". Iar Eclesiastul 5:19 afirmă: „Atunci când Dumnezeu dă cuiva bogăție și posesiuni și capacitatea de a le aprecia, de a-și accepta soarta și de a fi fericit în starea lor, acesta este un dar de la Dumnezeu".

Din păcate, marea majoritate a oamenilor refuză să își adapteze viziunea asupra bogăției și, în schimb, se agață de propriile interpretări pentru a evita să își recunoască propriile greșeli, rușinea și căutarea conformității în relațiile și punctele lor de vedere. Ca urmare, a nu fi de acord cu un grup înseamnă adesea a fi ostracizat. Cu cât mă dedicam mai mult creșterii și îmbunătățirii personale, cu atât pierdeam mai mult prieteniile şi chiar respectul membrilor familiei, care au început să răspândească zvonuri despre presupusa mea răutate. Acest comportament provine din faptul că, atunci când oamenii nu te plac, recurg la calomnie şi defăimare, chiar dacă odată au profesat că te iubesc. Acest comportament poate fi legat şi de invidia şi resentimentul faţă de propriile eşecuri.

Pe scurt, oamenii sabotează adesea succesul altora pentru a-şi menţine propriile convingeri şi a evita disonanţa cognitivă. Acest comportament poate lua multe forme, cum ar fi devalorizarea oamenilor sau răspândirea de zvonuri, şi poate fi alimentat de credinţele religioase, în care oamenii îi pot ignora sau chiar ataca pe cei care nu sunt de acord cu ei.

Capitolul 11: Prejudecățile psihologice și efectul lor asupra societății

Oamenii sunt creaturi fundamental emoționale care adesea ignoră tot ceea ce ați făcut pentru ei în favoarea suprimării sentimentelor lor de inadecvare, mai ales dacă este implicată aroganța. Din nefericire, mulți oameni pe care îi întâlnim se întorc împotriva noastră imediat ce realizăm ceea ce ei nu au făcut niciodată sau au renunțat să facă. Ei devin mistuiți de sentimente de inadecvare, inferioritate și eșec.

Acest fenomen nu se limitează la indivizi, ci se extinde la grupuri și națiuni. Națiunile adesea jefuiesc și colonizează altele pentru resursele lor. În loc să privească în interior și să reflecteze asupra propriilor alegeri, majoritatea oamenilor își proiectează emoțiile negative asupra altora, învinuindu-i pentru sentimentele lor, ca și cum ei ar fi cauza. Acesta este motivul pentru care există atât de multă ostilitate atunci când obținem succesul.

Oamenii nu recunosc niciodată munca grea, eșecurile, sacrificiile și suferința îndurate pentru a obține succesul. Ei cred pur și simplu că tu nu meriți ceea ce ai, dar că ei da. Adesea, ei cred, de asemenea, că universul este rar și limitat și că noi luăm ceea ce le-a fost destinat inițial sau că ei ar trebui să aibă fără un motiv anume.

Inegalitatea socială este o problemă globală care contribuie la criminalitate și violență, la fel ca ideile politice care sărăcesc națiunile în numele binelui comun, cum ar fi comunismul. În țări precum Filipine, unde sărăcia este foarte răspândită, împrumutul de bani duce adesea la crimă din partea celor care nu își pot permite să îi plătească înapoi. În Brazilia, cele mai bogate 10 % dețin peste 40 % din venitul național, în timp ce cele mai sărace 50 % dețin mai puțin de 10 %. Această inegalitate este strâns legată de rata ridicată a omuciderilor din Brazilia, care a depășit 40 000 de victime în 2023, una dintre cele mai ridicate din lume.

Studiile de psihologie socială arată că oamenii dau adesea vina pe factori externi pentru eșecurile lor. Acest fenomen, cunoscut sub numele de ego bias, poate duce la ostilitate și resentimente față de persoanele de succes. De exemplu, cercetările efectuate de Miller și Ross (1975) au arătat că oamenii tind să își asume meritele pentru succesele lor, dar să dea vina pe factori externi pentru eșecurile lor, ceea ce îi poate determina să proiecteze emoții negative asupra altora.

În schimb, un raport din 2011 al Oficiului Națiunilor Unite pentru Droguri și Criminalitate (UNODC) a constatat că comunitățile sigure promovează un sentiment de bunăstare și securitate, ceea ce poate duce la niveluri mai ridicate de coeziune socială și productivitate. Persoanele care se simt în siguranță sunt mai predispuse să ia parte la activități comunitare și să contribuie la economia locală. În plus, un studiu realizat de Harvard Business School (1999) a constatat că siguranța psihologică la locul de muncă este asociată cu creșterea productivității. Angajații care se simt în siguranță și sprijiniți sunt mai predispuși să își asume riscuri, să inoveze și să colaboreze eficient.

Din aceste motive, relocarea poate avea un impact semnificativ asupra bunăstării și productivității noastre. Atunci când relocarea nu este o opțiune, o modalitate practică de a ne spori pacea interioară este prin meditație. Practicarea regulată a meditației antrenează mintea să se concentreze și reduce distragerile. O meditație simplă constă în a sta în liniște câteva minute, concentrându-se asupra respirației și redirecționând ușor mintea atunci când aceasta rătăcește. Această practică nu numai că calmează mintea, dar vă întărește și capacitatea de concentrare asupra sarcinilor. Studiile au arătat că chiar și scurte sesiuni zilnice de meditație pot duce la o mai bună atenție și flexibilitate cognitivă, ambele fiind esențiale pentru productivitate.

Un studiu publicat în revista Research in Psychiatry a constatat că participanții care au meditat timp de 10 minute zilnic timp de două săptămâni au prezentat îmbunătățiri semnificative în ceea ce privește atenția și memoria. Un alt studiu, efectuat la Universitatea Carolina de Nord din Charlotte, a constatat că și sesiunile scurte de meditație mindfulness pot îmbunătăți funcția cognitivă, inclusiv atenția susținută și funcția executivă. Cu toate acestea, observarea atentă este o metodă la fel de eficientă pentru îmbunătățirea bunăstării mentale. Aceasta presupune să vă acordați un moment pentru a vă opri și a vă observa mediul înconjurător, gândurile și emoțiile fără a judeca.

De exemplu, atunci când simțiți nevoia să amânați, respirați adânc câteva secunde și concentrați-vă asupra senzațiilor din corpul dumneavoastră, a gândurilor care vă trec prin minte și a emoțiilor pe care le simțiți. Această practică poate fi și mai eficientă în aer liber, de exemplu stând lângă un lac, râu sau ocean și simțind briza pe piele. Ea vă ajută să vă dezangajați de impulsurile imediate și să faceți alegeri mai conștiente.

Pe scurt, oamenii își proiectează adesea emoțiile negative asupra personalităților de succes, blamându-le pentru propriile eșecuri și neajunsuri. Acest fenomen, alimentat de prejudecăți egoiste și de o mentalitate a rarității, generează ostilitate și resentimente. Din fericire, practici precum meditația și observarea atentă pot crește bunăstarea și productivitatea.

Capitolul 12: Înfruntarea sindromului impostorului

Claritatea scopului poate reduce semnificativ sentimentele de oprimare și de amânare. De exemplu, în loc să stabiliți un obiectiv vag, precum „lucrați la proiect", ați putea specifica „terminați primul proiect al introducerii până la prânz". Această specificitate oferă direcție și face sarcina mai ușor de gestionat. Mai mult, analizând mai atent factorii declanșatori ai procrastinării, punctele noastre slabe și momentele de claritate mentală redusă, putem dezvolta strategii eficiente pentru a le depăși. Identificând momentele specifice ale zilei în care suntem cel mai puțin productivi, putem evita sarcinile importante în aceste momente și să ne implicăm în schimb în activități mai ușoare sau mai recreative.

Acest simț al responsabilității, împreună cu autoevaluarea, ne permite să acționăm proactiv, mai degrabă decât reactiv la procrastinare. Nu ar trebui să ne învinovățim pentru rezultatele noastre, ci să înțelegem modul în care corpurile și mințile noastre răspund la acestea. De exemplu, atunci când ajung într-o ţară nouă, poate dura ceva timp să găsesc mediul de lucru ideal. Nu simt aceeaşi energie peste tot, iar unele sunt, fără îndoială, mai favorabile productivităţii mele decât altele. Deşi mă pot simţi copleşită şi epuizată în unele locuri, în altele pot fi foarte productivă şi concentrată. Dar în loc să pierd timpul încercând să aflu de ce, mă concentrez pe alegerea mediului potrivit.

Mulţi oameni petrec o cantitate exagerată de timp căutând explicaţii şi devin frustraţi atunci când nu le găsesc. Ei cred că totul are nevoie de un „de ce" şi de un „cum" înainte de a acţiona. Ca urmare, evită să exploreze lucrurile pe care nu le pot explica celorlalţi. Ei asociază succesul cu existenţa unui plan şi le este greu să îşi imagineze viaţa fără unul. Cu toate acestea, această mentalitate creează o cale previzibilă care duce adesea la eşec. O simplă schimbare de concentrare poate duce la un succes mai mare.

Se împotrivesc schimbării mentalităţii deoarece aceasta contrazice un aspect fundamental al personalităţii lor. Sistemul lor de convingeri este interconectat cu procesul lor decizional, iar schimbarea mentalităţii ar pune în pericol nu numai valoarea deciziilor lor anterioare, ci şi sentimentul lor de autenticitate. Această rezistenţă este cauza principală a sindromului impostorului, un model psihologic în care indivizii se îndoiesc de abilităţile, talentele sau competenţele lor şi se tem să nu fie descoperiţi ca fiind un impostor. În ciuda dovezilor de competenţă, aceştia rămân convinşi că nu îşi merită realizările, atribuie succesul mai degrabă norocului decât abilităţilor şi se tem să fie demascaţi ca incompetenţi.

Depășirea sindromului impostorului implică schimbarea tiparelor noastre de gândire, cum ar fi nevoia de a avea un plan sau o explicație pentru acțiunile noastre. Cu cât simțiți mai puțin nevoia de a vă justifica deciziile, gândurile și rezultatele, cu atât este mai probabil să vă atingeți obiectivele. Explicarea lucrurilor altora vă determină să vă mutați atenția de la căutarea oportunităților la căutarea aprobării. Această aliniere la tiparele de eșec apare ori de câte ori simțiți nevoia să vă justificați gândurile și deciziile în fața altor persoane.

Oamenilor de succes le este adesea dificil să aibă conversații normale cu cei care nu le împărtășesc mentalitatea. Ca urmare, aceștia își pot da seama că au mai puțini prieteni sau că sunt singuri în călătoria lor spre succes. În general, evităm lucrurile și persoanele pe care nu le înțelegem sau asupra cărora nu avem niciun control. Depășirea provocărilor necesită depășirea îndoielii, un inamic insidios care șoptește minciuni, împiedică progresul și paralizează acțiunea, înfruntând în același timp limitele înțelegerii celorlalți și modul în care aceștia folosesc aceste limite pentru a ne convinge că noi greșim și ei au dreptate.

Ființele umane sunt fundamental egocentrice, egoiste și conduse de nevoia de acceptare și confort. Din acest motiv, ei tind să își raționalizeze convingerile și să se conformeze căilor neurologice care au fost solidificate de-a lungul anilor, mai degrabă decât să se schimbe. Schimbarea i-ar invalida nu numai pe ei înșiși, ci și pe toți cei care i-au convins că modul lor de gândire este corect. De fapt, ei pot reacționa violent atunci când sunt confruntați cu adevărul pe care nu îl pot accepta, deoarece îl percep ca pe un afront la adresa status quo-ului și ca pe o amenințare la adresa identității lor sociale. Izbucnirile lor violente sunt mecanisme psihologice de apărare menite să îi protejeze de nebunie, deoarece se tem de ceea ce adevărul ar putea dezvălui despre ei înșiși și despre oamenii în care au avut încredere.

Pe scurt, înțelegerea scopului din spatele acțiunilor noastre și recunoașterea declanșatorilor care duc la amânare sunt esențiale pentru a depăși îndoiala și a obține succesul. Sindromul impostorului, care provine din nevoia constantă de justificare și aprobare, ne poate împiedica să ne asumăm riscuri și să îmbrățișăm noi oportunități. Pentru a ieși din acest ciclu, trebuie să ne înfruntăm îndoiala de sine, să provocăm normele sociale și să ne concentrăm pe dezvoltarea personală, mai degrabă decât să căutăm validarea externă.

Capitolul 13: Depășirea îndoielii de sine prin introspecție și acceptare

Nimeni nu reacţionează mai agresiv la adevăr decât cineva care a eşuat în mod repetat. Cei care eşuează evită adesea să se confrunte cu eşecurile lor deoarece acestea declanşează emoţii negative copleşitoare de care s-au distanţat cu grijă. Aceste emoţii sunt legate de amintiri îngropate de dezamăgire, trădare sau abuz. Persoanele care au eşuat prea des sunt oprimate de amintiri pe care vor să le reprime cu orice preţ. Ei îşi construiesc apoi o identitate în jurul reprimării acestor emoţii şi amintiri pentru a fi acceptaţi social.

Nimeni nu prezintă o faţadă mai mare pentru adevărata sa identitate decât cineva căruia îi este ruşine de trecutul său. Aceste persoane eşuează nu pentru că nu sunt conştiente, ci pentru că se tem să se dezvăluie celorlalţi şi lor însele. Adevărul îi înspăimântă pentru că îi confruntă cu neajunsurile lor şi cu amintirile dureroase. O singură traumă poate defini întreaga existenţă a cuiva. Cu toate acestea, odată dezvăluită şi depăşită, ea poate schimba complet personalitatea unei persoane şi o poate conduce pe căi neașteptate.

Persoanele sănătoase sunt adesea neaşteptate şi imprevizibile, deoarece îşi pot asuma responsabilitatea pentru alegerile lor şi îşi pot accepta trecutul, indiferent cât de ruşinos sau traumatizant. Pe de altă parte, cei mai nesănătoşi oameni devin extrem de previzibili din cauza incapacităţii lor de a se schimba şi de a face introspecţie. Cei care neagă responsabilitatea sunt adesea incapabili să facă acest lucru pentru că se tem de consecinţele greşelilor şi traumelor din trecut. Această teamă îi împiedică să se confrunte cu amintirile lor şi să accepte emoţiile pe care le evocă, ceea ce este necesar pentru a transcende astfel de amintiri şi a îmbrăţişa viitorul cu responsabilitate absolută pentru acţiunile lor personale.

Pentru a realiza schimbarea şi a depăşi îndoiala, este necesar să ne înfruntăm temerile şi să acceptăm trecutul. Deşi găsirea terapeutului potrivit poate accelera procesul, permiţându-ne să ne confruntăm şi să alegem să ne amintim lucrurile pe care am prefera să le uităm, rezultatul terapeutic este irelevant dacă nu există încă dorinţa de a ne asuma responsabilitatea pentru viaţa noastră prin reprogramarea minţii şi reformarea relaţiei noastre cu noi înşine. Călătoria în adâncurile subconştientului nostru, unde sinele nostru autentic este adesea îngropat sub straturi de traume, necesită o decizie conştientă de a ne reprograma mintea şi de a ne remodela sentimentul de sine.

Primul pas esențial este să identificăm sursa nesiguranței. Îndoiala nu este un defect inerent, ci un comportament învățat, influențat de presiunile externe și de interiorizarea negativității. Deși opiniile altor persoane sunt importante, ele nu ar trebui să ne definească stima de sine. Validarea socială, deși tentantă, este trecătoare și nesigură. Adevărata stimă de sine provine din validarea internă, adică din recunoașterea valorii și potențialului nostru intrinsec. Pentru a realiza acest lucru, este nevoie de un angajament neclintit față de autodepășire.

Vorbirea negativă despre sine, caracterizată printr-un baraj constant de comentarii critice, poate fi un obstacol formidabil care întărește îndoiala de sine. Este esențial să o identificați și să o contestați, înlocuind-o cu afirmații de forță și capacitate. Această restructurare cognitivă este necesară pentru a combate îndoiala, deoarece, deși mințile noastre sunt instrumente puternice, ele sunt ușor influențate de prejudecăți negative și tipare condiționate. Pentru a depăși acest lucru, trebuie să cultivăm o conștientizare clară a proceselor noastre de gândire. Schimbarea percepției reduce anxietatea și promovează încrederea și claritatea.

De asemenea, puteți să vă uitați în urmă la momentele fericite din viața dumneavoastră și să încercați să înțelegeți de ce v-au făcut să vă simțiți astfel. Este probabil să descoperiți straturi de suferință și frustrare care v-au subminat esența, v-au condus pe căi imprevizibile și care încă vă pot influența percepțiile și alegerile actuale. Este esențial să îmbrățișezi necunoscutul din tine și din lume, precum și să accepți posibilitatea unor eșecuri, atât în raport cu ceilalți, cât și în raport cu tine.

Aceasta este esenţa iertării. Nu este vorba despre a uita, ci despre a recunoaşte limitele celorlalţi şi ale propriei persoane. Rugăciunea creştină de a-i ierta pe alţii, aşa cum îi cerem lui Dumnezeu să ne ierte, ar trebui interpretată ca o recunoaştere a limitelor celorlalţi, la fel cum ne recunoaştem propriile imperfecţiuni. De fapt, prima înregistrare scrisă cunoscută a rugăciunii Tatăl Nostru în greaca Koine, limba Noului Testament, găsită în Evangheliile lui Matei şi Luca, sugerează că fraza este tradusă mai exact prin „Iartă-ne greşelile noastre precum şi noi iertăm datornicilor noştri", care este mai în acord cu conceptul de imperfecţiune.

Pe scurt, persoanele care evită să se confrunte cu eşecurile lor fac adesea acest lucru pentru a suprima emoţiile şi amintirile negative, creând un sentiment fals de acceptare socială. Cu toate acestea, pentru a depăşi cu adevărat îndoiala de sine, trebuie să identificaţi cauza care stă la baza acesteia şi să sfidaţi tiparele de gândire negative. Iertarea, nu ca uitare, ci ca recunoaştere a imperfecţiunii, este esenţială pentru a ne elibera de tendinţa de autosabotaj.

Capitolul 14: Sensul spiritual al iertării

În societatea greacă antică, conceptul de datorie (ὀφειλήματα - opheilēmata) era de o importanță imensă, cuprinzând nu numai obligațiile financiare, ci și alte responsabilități morale. Acesta acoperea o gamă largă de îndatoriri morale și sociale, inclusiv cele față de zei, familie și comunitate. Ospitalitatea (xenia), de exemplu, era o datorie sacră, iar neîndeplinirea ei putea fi considerată o datorie morală. În mod similar, obligațiile față de zei, cum ar fi sacrificiile și ofrandele, erau considerate datorii care trebuiau plătite pentru a menține favoarea divină.

Rugăciunea Domnească, scrisă pentru prima dată în greaca koine, ilustrează acest concept prin utilizarea termenului „ὀφειλήματα" (datorii) pentru a include atât obligații financiare, cât și morale. În acest context, datoria transcende simplele chestiuni financiare pentru a cuprinde bunăstarea noastră morală și spirituală. Această rugăciune este menită să adune curajul necesar pentru a depăși eșecurile altora prin recunoașterea propriilor noastre neajunsuri. Este o modalitate de a ne elibera de poverile trecutului și de resentimentele pe care le purtăm. Ea servește drept mărturie a puterii traumei asupra minții noastre și drept practică menită să reducă influenţa resentimentelor noastre asupra capacităţii noastre de a lua decizii eficiente.

Pentru a ilustra acest concept, Iisus spune parabola servitorului care nu iartă în Matei 18:23-35. În ea, un servitor căruia i se iartă o datorie mare refuză să ierte o datorie mai mică pe care i-o datorează. Această parabolă încapsulează principiul iertării şi obligaţia morală de a-i ierta pe alţii aşa cum am fost noi iertaţi. Cerând iertare pentru datorii în timp ce iertăm datornicii, recunoaştem natura reciprocă a iertării şi imperativul moral de a extinde mila faţă de alţii. Acest principiu sugerează că lipsa iertării conduce la o karmă negativă în viaţa noastră, care poate fi depăşită prin iertarea celorlalţi. Prin remodelarea viziunii noastre despre noi înşine şi despre ceilalţi, putem depăşi limitările impuse de traumele din trecut şi putem cultiva o viaţă plină de împlinire şi pace.

În plus, imperativul creştin conform căruia incapacitatea noastră de a ne ierta pe noi înşine şi pe alţii ne poate afecta rezultatele este valabil şi din alte perspective. Păstrarea resentimentelor şi a unui sentiment de nedreptate ne poate consuma cu furie şi ne poate conduce la acţiuni care ne pun în pericol viitorul şi potenţialul. Cercetările sugerează că persoanele care persistă în amintirea nedreptăţilor şi a acţiunilor negative ale altora au adesea dificultăţi în a gândi clar şi în a lua decizii solide (Skolnick et al., 2023). Această tulburare emoţională poate crea un ciclu în care furia alimentează depresia, ducând la amânare (Maynard et al., 2022; Skolnick et al., 2023).

Această înţelepciune străveche este adevărată atunci când recunoaştem că este înrădăcinată în realizarea faptului că destinul nostru este împletit cu cele mai mari provocări karmice ale noastre. Deşi liberul arbitru este adesea asociat cu capacitatea de a face alegeri, într-un context spiritual acesta este înţeles mai exact ca fiind capacitatea de a înţelege şi de a accepta legea divină. În acest context, iertarea apare ca o virtute esenţială care precede acceptarea şi care rezultă dintr-o înţelegere profundă a originilor spirituale ale suferinţei noastre. Recunoscând modul în care ceilalţi ne influenţează suferinţa, dobândim în acelaşi timp o mai mare conştientizare a propriilor noastre contribuţii.

Mai mult, atunci când realizăm că persoanele care au exercitat o influenţă profundă asupra vieţii noastre sunt legate de dorinţele noastre personale, putem începe să ne înţelegem mai clar călătoria. De exemplu, familia mea mi-a influenţat negativ valoarea, stima de sine şi încrederea în sine, împiedicându-mi capacitatea de a crea o muncă care să corespundă visurilor şi creativităţii mele. Profesorii s-au îndoit de talentul şi independenţa mea, susţinând că am greşit pentru că nu au fost de acord cu mine. Mai mulţi psihologi, psihiatri şi personalităţi religioase pe care i-am întâlnit mi-au pus la îndoială integritatea morală şi intenţiile din cauza opiniilor lor negative despre procesele mele de gândire. În plus, oameni din diferite ţări au pus la îndoială valoarea existenţei mele prin rasism, prejudecăţi şi propriul lor simţ al dreptăţii. Ei mi-au judecat negativ stilul de viaţă şi profesia. Dacă aş fi cedat acestor energii negative, nu aş fi scris această carte şi nu aş fi trăit viaţa pe care mi-am dorit-o întotdeauna.

Studiile arată că devalorizarea externă poate influenţa semnificativ percepţia de sine şi raţionamentul moral al unui individ (Kaygusuz et al., 2023; Mróz et al., 2024). Alte cercetări sugerează că experienţele de discriminare pot conduce la sentimente de resentiment şi furie, împiedicând dezvoltarea personală (DeMarco, 2024; Kaygusuz et al., 2023). Cu alte cuvinte, deşi predeterminată la naştere, călătoria mea pentru a deveni scriitor a fost ghidată de lecţii karmice pe care a trebuit să le învăţ. Ignorarea acestor lecţii ar fi dus la resentimente, suferinţă şi, în cele din urmă, la eşecul de a-mi atinge visele.

Pe scurt, resentimentul poate fi un obstacol în calea dezvoltării personale şi a realizării visurilor.

Capitolul 15: Educația spirituală și lecțiile karmice

Dorințele noastre cele mai profunde sunt legate în mod inextricabil de destinul sufletului nostru, ceea ce explică de ce, cu cât suportăm mai multă suferință, cu atât este mai probabil să visăm la adevăratul nostru destin. Viața nu ne oferă altă alegere decât să încheiem un ciclu al karmei, care este însoțit de educație spirituală prin lecțiile sale. Întrucât existența noastră pe Pământ este scurtă, aceste lecții pot părea repetitive. În cazul meu, de exemplu, a trebuit să învăț să mă iubesc și să am încredere în mine și, de asemenea, a trebuit să mă eliberez de restricțiile impuse de normele sociale înainte de a obține succes ca scriitor.

Deși asociem adesea karma cu păcatul și pedeapsa, este mai corect să ne gândim la ea ca la o lecție autoimpusă. Noi ne creăm propria karmă prin neînțelegeri. Prin urmare, cunoașterea de sine și iertarea sunt esențiale pentru a rupe lanțurile mentale care ne leagă de experiențele noastre trecute. Trebuie să transcendem suferința pe care o îndurăm pentru a crea o viață mai bună, conform aspirațiilor noastre. Fără această capacitate, cădem în autocompătimire şi autojustificare, permiţând trecutului să ne dicteze existenţa pe Pământ şi, eventual, în reîncarnările viitoare.

Deşi putem specula cu privire la cauzele pierderii respectului de sine, a discernământului şi a fricii de ostracizare, cu cât potenţialul nostru este mai mare, cu atât este mai probabil să facem faţă acestor provocări. În acest fel, recunoaştem că toţi ne confruntăm cu provocări similare la diferite niveluri spirituale. De exemplu, scrierea unei cărţi este o sarcină dificilă şi aparent insurmontabilă pentru cineva cu un nivel cognitiv şi spiritual foarte scăzut, chiar dacă persoana respectivă îşi dedică întreaga viaţă acestei sarcini, în comparaţie cu cineva cu un nivel mai ridicat de conştiinţă. Astfel, compararea cu alţii în acest domeniu şi în altele creează obstacole inutile şi un sentiment de inadecvare.

Pentru persoanele cu un nivel spiritual mai scăzut, pregătirea unei mese hrănitoare şi practicarea carităţii pot fi mai eficiente în acumularea de karma pozitivă. Diverse texte religioase subliniază importanţa carităţii în obţinerea favorului lui Dumnezeu. În Mahabharata, se afirmă, de exemplu, că „caritatea oferită din datorie, fără a aştepta în schimb, la momentul şi locul potrivit şi unei persoane demne, este considerată bunătate”. În mod similar, sura Al-Baqarah 2:274 spune: „Cei care îşi cheltuiesc averea pe calea lui Allah şi nu o folosesc pentru a atrage atenţia asupra generozităţii lor sau pentru a provoca prejudicii, răsplata lor este la Domnul lor”. Proverbele 19:17 spune: „Cel care este bun cu săracii împrumută Domnului şi El îl va răsplăti pentru faptele sale.”

Atunci când întâlnim persoane care întruchipează calităţile noastre dorite, ne putem confrunta cu provocări semnificative care se manifestă în imperfecțiunile lor, fie pentru că nutresc invidie, fie pentru că nu pot tolera perspective diferite. Această intoleranță provine din viziunea lor narcisistă și egoistă despre ei înșiși. Cu toate acestea, în acest context, ni se reamintește importanța de a vedea deficiențele celorlalți așa cum le vedem în noi înșine, recunoscând că putem discerne calitățile bune din imperfecțiuni, la fel cum ne îmbunătățim pe noi înșine în ciuda propriilor imperfecțiuni.

„Iartă-ne imperfecțiunile noastre așa cum iertăm imperfecțiunile altora" ar fi un mod adecvat de a parafraza conceptul de datorie spirituală prezent în rugăciunea creștină originală. Un alt mod de formulare ar fi „Iartă-ne limitele spirituale pe măsură ce recunoaștem limitele spirituale ale celorlalți", ceea ce ne plasează pe același nivel spiritual cu ceilalți, mai degrabă decât într-o ierarhie socială. Este un mod de a evita să căutăm perfecțiunea în ceilalți, chiar și atunci când ne perfecționăm pe noi înșine, în ciuda lucrurilor care ne fac de râs.

Această atitudine cultivă umilința și curajul de a persevera, în ciuda suferinței provocate de alții, care ne poate împiedica motivația de a trăi o viață mai împlinită. În acest sens, cea mai profundă formă de răzbunare este să perseverăm în ciuda obstacolelor puse în calea noastră și a determinării altora de a suprima exprimarea autenticității noastre spirituale. Deși are sens să asociem realizările noastre cu provocările impuse de cei care au încercat să ne împiedice progresul, relevanța impactului acțiunilor lor este doar relativă la determinarea noastră de a reuși.

Autoritatea socială, o reprezentare a karmei pe care oamenii pe care îi întâlnim pe calea noastră spirituală au adus-o asupra lor în căutarea validării sociale, este aceeași karmă cu care ajungem și noi atunci când ne naștem într-o realitate menită să suprime autenticitatea spirituală. Aici, pe Pământ, purtăm adevărata bătălie între rău, reprezentat de autoritate, și bine, asociat cu scânteia noastră divină, care ne determină să căutăm o viață mai bună, alimentată de un sentiment de împlinire spirituală.

Pe scurt, dorințele noastre cele mai profunde sunt inextricabil legate de scopul sufletului nostru, iar suferința poate cataliza vise legate de adevăratul nostru destin. Karma, asemenea unui profesor cosmic, ne conduce cu blândețe spre răscumpărare prin iertare și creștere spirituală.

Capitolul 16: Cultivarea încrederii în sine prin independență

Atunci când nu recunoaştem influenţele negative ale educaţiei noastre şi tendinţa noastră de a ne supune orbeşte figurilor de autoritate, ajungem să ne dezamăgim pe noi înşine. Căutarea de a înţelege lumea şi locul nostru în ea promovează încrederea în sine. Cu toate acestea, pe lângă cunoştinţe şi înţelepciune, trebuie să învăţăm să discernem convingerile care ne dau putere de cele care ne limitează.

A ne iubi pe noi înşine, a fi înţelepţi şi a stabili limite clare ne ajută să ne înconjurăm de oameni care ne susţin, care ne încurajează şi ne dau putere pe măsură ce creştem şi devenim mai încrezători în noi înşine. Încrederea în sine este fundamentul încrederii de nezdruncinat. În timp ce invidia şi competiţia îi pot determina pe alţii să recurgă la înşelăciune şi să ne împiedice progresul, evoluţia spirituală necesită ruperea ciclurilor karmice negative. Acest lucru se poate realiza prin iertare de sine şi dezvoltare personală. Pentru a promova sentimentele de adecvare, competenţă şi încredere, este important să ne dezvoltăm obiceiuri care să ne umple de aceste emoţii.

Uneori, însuşirea unui hobby sau jocul video pot fi benefice. Implicarea în hobby-uri şi jocuri video a fost asociată cu efecte pozitive asupra sănătăţii mintale şi bunăstării. De exemplu, un studiu realizat de Granic, Lobel şi Engels (2014) a constatat că jocurile video pot satisface nevoile psihologice de bază precum competenţa, autonomia şi ataşamentul. Studiul sugerează că jocurile video pot oferi un sentiment de împlinire, care este esenţial pentru fericirea generală şi sănătatea mintală.

În plus, puţine instrumente sunt la fel de puternice ca arta vizualizării în căutarea dezvoltării şi împlinirii personale. Exploatând potenţialul imens al minţii noastre, putem depăşi limitele circumstanţelor noastre actuale şi ne putem crea propriul destin. Gândurile şi convingerile noastre ne modelează realitatea, iar imaginile mentale pe care le avem ne influenţează semnificativ acţiunile, emoţiile şi, în cele din urmă, rezultatele pe care le experimentăm. Atunci când ne vizualizăm în mod viu atingându-ne obiectivele, activăm căile neuronale care ne pregătesc creierul pentru succes.

Vizualizarea nu numai că ne creşte încrederea şi motivaţia, dar ne ajută şi să identificăm şi să depăşim eventualele obstacole. Prin crearea unei imagini mentale clare şi detaliate a obiectivelor noastre, trezim creativitatea şi capacităţile de rezolvare a problemelor ale subconştientului nostru. Acest proces ne permite să anticipăm provocările, să dezvoltăm strategii eficiente şi să cultivăm abilităţile şi resursele necesare pentru a transforma visele în realitate.

Pentru a valorifica pe deplin puterea vizualizării, trebuie să o abordaţi cu intenţie şi consecvenţă. Alocaţi câteva minute în fiecare zi pentru a vă vizualiza în mod viu obiectivele, inclusiv detaliile senzoriale şi experienţele emoţionale. Experimentaţi diferite tehnici, cum ar fi crearea unui panou de vizualizare, scrierea unor descrieri detaliate ale viitorului dorit sau participarea la meditaţii ghidate, pentru a afla ce funcţionează cel mai bine pentru dvs. Cu un angajament neclintit şi o înţelegere profundă a peisajului dvs. motivaţional, puteţi manifesta viziunea a ceea ce v-aţi dorit întotdeauna.

Atunci când este utilizat colectiv, acest instrument puternic are potenţialul de a cataliza schimbări pozitive în societate. Încurajându-i pe ceilalţi să vizualizeze o lume mai dreaptă, mai echitabilă şi mai durabilă, putem inspira acţiuni colective şi promova conştientizarea necesară pentru a aborda provocările presante. Imaginaţi-vă o lume în care liderii, factorii de decizie politică şi cetăţenii folosesc vizualizarea pentru a-şi imagina un viitor de pace, prosperitate şi bună gospodărire a mediului.

Prin alinierea viziunilor noastre individuale şi colective, putem valorifica potenţialul sinergetic al aspiraţiilor noastre comune pentru a depăşi chiar şi cele mai formidabile obstacole. Totuşi, acest lucru necesită navigarea prin tensiunea dintre dorinţele sufletului nostru şi raţionamentele ego-ului nostru. Condus de frică şi de instinctul de conservare, egoul se agaţă de familiar şi se opune schimbării, în timp ce sufletul tânjeşte să crească şi ne împinge să ne atingem potenţialul maxim.

Recunoaşterea şi depăşirea tacticilor de manipulare ale egoului, cum ar fi îndoiala de sine şi momeala gratificării instantanee, este esenţială pentru a ne debloca adevărata putere. O mentalitate fixă percepe talentele ca fiind înnăscute şi imuabile. Cu toate acestea, prin reformularea gândurilor negative, practicarea recunoştinţei şi vizualizarea succesului, este posibil să cultivăm o stare de spirit mai constructivă şi împuternicitoare.

Pe scurt, încrederea în sine, încurajată de iubirea de sine, înţelepciune şi stabilirea limitelor, este fundamentală pentru construirea încrederii şi ruperea ciclurilor karmice negative. Implicarea în hobby-uri, practicarea vizualizării şi cultivarea unor obiceiuri mentale pozitive ne pot ajuta să ne atingem obiectivele şi să ne manifestăm dorinţele. În plus, vizualizarea colectivă are puterea de a inspira schimbări sociale, construind o lume mai dreaptă, mai echitabilă şi mai durabilă.

Capitolul 17: Stăpânirea emoțională și urmărirea viselor

Înțelegerea și interpretarea noastră a lumii este în mod inerent subiectivă, deoarece filtrăm informațiile prin structurile noastre de cunoștințe existente și prin tiparele emoționale modelate de experiențele trecute. Recunoscând această complexitate și căutând în mod activ să înțelegem diverse perspective, este posibil să facem față provocărilor vieții cu mai multă empatie și înțelegere. Îmbrățișând necunoscutul cu o minte deschisă și o pasiune pentru învățare, avem acces la noi dimensiuni ale dezvoltării personale.

Mintea și inima sunt inextricabil legate și se influențează reciproc, astfel încât, învățând să ne înțelegem și să ne reglăm emoțiile, dobândim puterea de a face alegeri în conformitate cu valorile noastre fundamentale și aspirațiile pe termen lung. Identificarea și etichetarea corectă a emoțiilor noastre este un pas esențial în dezvoltarea stăpânirii emoționale. În plus, prin explorarea peisajului nostru emoțional, ne dezvoltăm o mai mare reziliență și cultivăm conexiuni mai semnificative cu ceilalți. Acest lucru ne permite să creștem productivitatea prin concentrarea energiei noastre asupra a ceea ce contează cu adevărat.

Stăpânirea emoțională ne crește, de asemenea, capacitatea de a gestiona stresul și de a preveni epuizarea. Recunoscându-ne și abordându-ne nevoile emoționale, reducem sentimentele de opresiune și menținem echilibrul și bunăstarea esențiale pentru o performanță ridicată susținută. Stabilirea unor obiceiuri și rutine zilnice care ne susțin bunăstarea generală este esențială pentru realizarea acestui cadru. Acțiuni aparent nesemnificative, cum ar fi exercițiile fizice regulate, alimentația atentă și meditația consecventă, sunt fundamentale pentru succesul în toate celelalte aspecte ale vieții.

Atunci când ne gestionăm emoțiile cu conștiență și compasiune, ne valorificăm reziliența și creativitatea. Într-o lume care valorizează adesea logica și raționalitatea în detrimentul inteligenței emoționale, cultivarea măiestriei emoționale acționează ca un contrabalans semnificativ. Prin alinierea înțelepciunii inimii cu claritatea minții, obținem o înțelegere mai profundă, care ne permite să luăm decizii mai eficiente.

Emoțiile pot fi gestionate prin acțiuni intenționate, care sunt în cele din urmă influențate de convingerile noastre. Alegând în mod conștient o mentalitate pozitivă, alimentată de optimism, creăm oportunități pentru fericire și succes. Această influență deterministă ne modelează experiențele și ne conduce la o conștiință superioară. În ciuda barierelor în calea înțelegerii pe care le putem întâlni pe parcurs, umilinţa de a recunoaşte aceste limitări ne permite să abordăm necunoscutul cu uimire şi deschidere, mai degrabă decât să ne agăţăm de idei preconcepute care ne pot bloca creşterea.

Această umilinţă este esenţială pentru realizarea viselor noastre, deoarece, atunci când sunt combinate cu experienţe emoţionale intense, visele au o energie care transcende limitele gândirii logice. Visele nu sunt doar reflecţii pasive ale subconştientului nostru, ci catalizatori ai schimbării transformative. Visele alimentate de pasiune şi intensitate emoţională pot servi drept canale puternice de auto-realizare, împingându-ne dincolo de zonele noastre de confort şi dezvăluind noi dimensiuni ale existenţei noastre care ne-au fost anterior ascunse.

Îmbrăţişând puterea transformatoare a viselor, ne putem explora conştiinţa mai profund şi putem înţelege existenţa pe diferite niveluri. În acest tărâm, lumea fizică tangibilă devine o interpretare subiectivă a unei realităţi spirituale mai largi. Prin transcenderea în necunoscut, întâlnim o manifestare mai vie a forţelor binevoitoare şi răuvoitoare care ne modelează viaţa şi ne provoacă să le înfruntăm cu mai multă conştiinţă. Această conştiinţă sporită ne permite să transcendem limitele timpului şi spaţiului şi să înţelegem interconectarea tuturor lucrurilor.

Pentru cei care acceptă această perspectivă, distincţiile dintre trecut, prezent şi viitor devin inexistente, iar construcţiile care ne ghidează existenţa devin portaluri către noi tărâmuri ale înţelegerii. Percepând timpul ca pe un continuum fluid, mai degrabă decât ca pe o secvenţă rigidă, este posibil să avem acces la informaţii care înainte păreau de neatins. Această schimbare de percepţie ne încurajează să ne vedem experienţele nu ca pe evenimente izolate, ci ca pe fire întreţesute în ţesătura vieţii noastre. Această interconectare stimulează un sentiment de unitate şi scop, permiţându-ne să vedem modelele mai largi care ne influenţează călătoria. Recunoscând aceste modele, dobândim capacitatea de a naviga prin complexitatea vieţii cu mai multă uşurinţă şi claritate.

Pe scurt, măiestria emoţională, obţinută prin autocunoaştere şi acţiune intenţionată, este fundamentală pentru creşterea şi succesul personal. Prin alinierea emoţiilor, a valorilor şi a viselor, este posibilă dezlănţuirea creativităţii, a rezilienţei şi o înţelegere mai profundă a lumii. Această conştiinţă sporită transcende timpul şi spaţiul, dezvăluind interconectarea şi unitatea tuturor lucrurilor.

Capitolul 18: Depășirea ego-ului și acceptarea adevărului

Fiecare aspect al vieții noastre reflectă sinele nostru interior. Lumea exterioară pe care o percepem nu este o realitate fixă, ci un compus al acordurilor, gândurilor și credințelor colective. Prin urmare, pentru a promova o schimbare de durată, este necesar un angajament profund față de transformarea personală. Acceptarea necunoscutului și a potențialului unui viitor ipotetic este o parte esențială a acestui proces. Multe companii de succes au apărut din eșecuri, dar și din oportunități trecute cu vederea de alții tocmai pentru că indivizi aflați în poziții de conducere au îndrăznit să meargă pe căi neconvenționale și să sfideze înțelepciunea convențională.

Cu toate acestea, mintea umană, adesea limitată de percepția sa liniară a timpului și a secvenței, are dificultăți în a înțelege pe deplin natura multidimensională a realității. Această limitare poate conduce la o perspectivă îngustă, care îi prinde pe indivizi într-un ciclu al complacerii şi îi împiedică să îşi vadă adevăratul potenţial. Pentru a o depăşi, este necesară o schimbare fundamentală de mentalitate, de la o viziune a rarităţii la o mentalitate a abundenţei.

În loc să fim paralizaţi de îndoială şi de convingerea că resursele sunt limitate, trebuie să recunoaştem potenţialul nelimitat din noi înşine şi din univers, care ne inspiră să acţionăm cu curaj şi inspiraţie. Trebuie să fim deschişi să renunţăm la moduri de gândire învechite şi să acceptăm noi perspective pe măsură ce renunţăm la limitările trecutului şi îmbrăţişăm potenţialul nelimitat al momentului prezent.

În faţa incertitudinii, descoperim oportunităţi de evoluţie şi posibilitatea de a ne realiza întregul potenţial. Înfruntându-ne temerile, nesiguranţele şi umbrele, deschidem cheile transformării personale. În creuzetul disconfortului ne dezvoltăm rezilienţa şi claritatea pentru a ne depăşi limitele. În plus, pe măsură ce ne extindem înţelegerea scopului vieţii, întrebările noastre devin mai puţin relevante. Acceptând misterul şi măreţia existenţei, dobândim adevărata libertate de a crea, iubi şi trăi autentic.

Această atitudine transcende o perspectivă pozitivă; este o credinţă profundă în bunăvoinţa inerentă a universului şi în orchestrarea divină a viselor şi aspiraţiilor noastre. Întruchipează realizarea faptului că, pe măsură ce existenţa noastră transcende domeniul fizic şi îşi continuă călătoria dincolo de această lume, nu suntem simple produse ale circumstanţelor noastre, ci recipiente pentru scânteia divină care animă universul.

Ignorarea adevărurilor istorice şi transcendente nu este o scuză pentru evitarea responsabilităţilor noastre spirituale.

Evenimentele istorice demonstrează că omenirea s-a confruntat adesea cu cele mai profunde temeri ale sale, în ciuda încercărilor de a le ignora sau reprima. Cu toate acestea, tăcerea multora cu privire la aceste cicluri nu face decât să perpetueze confuzia şi conflictul. Orbirea adevărată este o stare în care indivizii nu pot vedea dincolo de convingerile şi presupunerile lor profunde.

Această percepţie limitată împiedică creşterea spirituală şi prinde oamenii în cicluri de ignoranţă şi de repetare a aceloraşi greşeli. De fapt, mulţi oameni tind să devină atât de ataşaţi de ego-ul lor încât ignoră adevărul şi îşi doresc în secret eşecul, ghinionul sau chiar moartea celor pe care îi ostracizează pentru a se valida. Această mentalitate bazată pe ego creează un mediu care împiedică autenticitatea spirituală şi progresul pe planeta noastră.

Putem vedea acest lucru peste tot în jurul nostru, deoarece comunicarea unor adevăruri mai profunde unei persoane care este fixată pe credinţe şi dogme personale poate fi o provocare, deoarece aceasta poate respinge sau submina eforturile celor care încearcă să o lumineze. Aceste persoane rareori se schimbă şi, dacă sunt forţate să coexiste cu cineva mai înţelept, pot recurge la calomnie şi pot încerca să alunge acea persoană din mediul lor. Acest lucru poate implica măsuri extreme, precum întemniţarea sau chiar uciderea. Această rezistenţă la creştere şi schimbare provine adesea din temeri şi nesiguranţe adânc înrădăcinate. Cu toate acestea, în ciuda numeroaselor interese în joc, destinul este o chestiune de autodeterminare şi nu există karma fără consimţământ şi scop. Astfel, urmărirea viselor noastre necesită nu numai o viziune şi cunoştinţe despre cum să le realizăm, ci şi curajul de a acţiona în consecinţă.

Doar proştii, mânaţi de ignoranţă, trag de obicei concluzii nerealiste din ceea ce nu înţeleg pentru a-şi justifica existenţa. Înţelepciunea constă în umilinţă şi în recunoaşterea propriilor limite fără a ceda în faţa lor. Adevărurile incontestabile rămân indescriptibile dacă nu ne extindem conştiinţa. Cu toate acestea, educaţia ne poate induce uneori în eroare, făcându-ne să credem adevăruri false şi deturnându-ne atenţia spre haos. Din acest motiv, mulţi se agaţă de standarde false de supravieţuire care sunt departe de adevăr. Aceste tipare, care sunt adesea incontestabile, împiedică creşterea şi adevărata înţelegere.

Pe scurt, transformarea personală implică cultivarea unei mentalităţi a abundenţei, înfruntarea temerilor noastre şi înlăturarea convingerilor învechite care nu ne mai servesc. Prin extinderea conştiinţei şi căutarea adevărului dincolo de normele sociale, ne putem elibera de tiparele limitative şi ne putem îmbrăţişa sinele autentic şi adevăratul nostru scop.

Capitolul 19: Scopul universal

Suntem cu toții parte a aceluiași scop universal, îndreptându-ne spre el în moduri diferite. Acest scop se hrănește cu emoții pozitive și pline de iubire și, în cele din urmă, ne conduce la iluminare prin autocunoaștere și acțiuni responsabile întreprinse pe parcurs. Deși căutăm în permanență acest adevăr fără să ne dăm seama vreodată pe deplin de el, dacă ar fi în noi, dilemele noastre ar părea simple iluzii. Prin urmare, este mai înțelept să ne concentrăm asupra obiectivelor noastre, fără să ne îngrijorăm de modul în care le vom atinge. Adesea, realizările remarcabile în viață vin pe neașteptate și sfidează logica convențională.

Adesea ne agățăm de ceea ce percepem ca fiind al nostru și ne definim prin aceasta, însă judecarea noastră și a celorlalți pe baza unor presupuneri înrădăcinate în instincte primitive și modelate de experiențe trecute ne limitează potențialul ca ființe umane și diminuează valoarea experiențelor noastre de viață. Atunci când iluziile sunt expuse, mintea imatură și dogmatică recurge adesea la scepticism. La fel cum iubirea pare ireală pentru cei care nu au experimentat-o niciodată, încrederea este lipsită de sens pentru cei care au cunoscut doar trădarea, iar lumina adevărului nu reuşeşte să îi încânte pe cei care sunt fascinaţi de întunericul gândurilor lor interioare.

Pentru mulţi, autoamăgirea reconfortantă este tot ceea ce au, iar sensul pe care i-l dau este tot ceea ce pot înţelege. Oamenii există pe diferite niveluri de conştiinţă, care se manifestă în acţiunile, gândurile, vorbirea, emoţiile, reacţiile şi dorinţele lor. Cu toate acestea, pentru a creşte dincolo de un anumit nivel spiritual, trebuie să ne angajăm să studiem, să dezvoltăm, să aplicăm şi să obţinem rezultate tangibile care ne extind conştiinţa vieţii. Mai ales în perioadele dificile, este esenţial să ne intensificăm eforturile de a studia şi de a lucra cu sârguinţă.

Deşi mulţi oameni cred că au o înţelegere completă a realităţii, o investigaţie mai profundă dezvăluie credinţe înrădăcinate în ego şi iluzii colective, formate din credinţe şi percepţii comune care nu sunt contestate. Această iluzie colectivă este obiectivă doar atunci când este universal acceptată. Ea nu rezistă testului timpului. Cu toate acestea, o minciună colectivă poate susţine, de fapt, o realitate pentru o anumită perioadă, sfidând logica şi bunul simţ, aşa cum am văzut de-a lungul istoriei omenirii.

Cel mai adânc secret ascuns publicului este şi cel mai evident: convingerile ne modelează realitatea. Atunci când nu acţionăm conştient din cauza convingerilor noastre, cedăm în faţa realităţii impuse de alţii. Refuzând să recunoască realitatea care le este impusă şi căutând un sens mai profund în iluziile colective, oamenii se bazează pe noroc pentru a obţine rezultate şi se aşteaptă ca lucrurile să se întâmple întâmplător. Ei se predau complet acestei realităţi, confundând-o cu o ordine divină.

În mijlocul acestor indivizi, adevărata strălucire a unei persoane de succes se manifestă în abordarea lor faţă de viaţă. Ceea ce unii percep drept geniu sau noroc este de fapt rezultatul unui efort persistent, al unei reflecţii profunde şi al înţelepciunii convenţionale. Dedicaţia lor pentru cercetare şi învăţare aprofundată îi diferenţiază de ceilalţi. Recunoscând natura ciclică a experienţei umane şi importanţa umilinţei, ei transcend percepţiile limitate şi contribuie la evoluţia colectivă a umanităţii. Prin angajament neclintit, introspecţie şi curajul de a contesta normele convenţionale, şi noi ne putem construi o viaţă cu scop şi impact de durată.

Prin cultivarea unei conştiinţe superioare şi prin punerea sub semnul întrebării a ipotezelor pe care le acceptăm ca adevăruri, facem loc unor rezultate imprevizibile. Pe parcurs pot apărea îndoieli şi incertitudini, dar perseverând, ne dezvoltăm rezistenţa şi puterea de a depăşi obstacolele şi de a ne atinge obiectivele. Totuşi, pentru a ne elibera de ciclurile negative, trebuie să ne recunoaştem limitele şi imperfecţiunile, precum şi pe cele ale celorlalţi. Iertarea, încrederea şi stăpânirea emoţională ne pot propulsa înainte şi ne pot ajuta să depăşim obstacole care altădată păreau insurmontabile.

Confruntându-ne cu tiparele de gândire negative şi luând măsuri decisive, putem reduce treptat la tăcere vocea îndoielii şi să cultivăm încrederea în sine. Acest angajament faţă de învăţare, combinat cu umilinţa, ne permite să depăşim limitele şi să obţinem succes în toate domeniile.

Pe scurt, omenirea se află pe calea iluminării, ghidată de un scop universal care necesită autocunoaştere şi acţiune responsabilă. În timp ce unii se agaţă de autoamăgire şi de iluzia colectivă, alţii transcend aceste limitări şi caută o conştiinţă superioară. Sfidând normele sociale şi dedicându-se introspecţiei, aceste persoane se eliberează de ciclurile negative şi ating o conştiinţă care le conduce spre succes. Aceştia sunt oamenii de care omenirea are nevoie pentru a evolua şi a atinge cele mai înalte niveluri, limitate doar de imaginaţia lor.

Capitolul 20: Stăpânirea artei productivității

Mai jos sunt enumerate cele 10 principii-cheie care sintetizează învățăturile despre cum să învingi procrastinarea. Prin încorporarea lor în viața de zi cu zi, vă puteți crește semnificativ productivitatea și vă puteți atinge obiectivele mai eficient.

1. Aliniați-vă acțiunile cu valorile dvs. fundamentale: Adevărata motivație vine din faptul că trăiți în concordanță cu valorile și visele dvs. fundamentale. Atunci când obiectivele tale sunt aliniate cu convingerile tale, simți în mod natural impulsul de a le atinge.

2. Îmbrățișați autonomia și măiestria: Cultivarea unui sentiment de autonomie și control asupra vieții dumneavoastră este esențială. Autonomia stimulează motivația, în timp ce măiestria implică un proces continuu de creștere și învățare. Împreună, autonomia și măiestria creează o forță puternică pentru dezvoltarea personală.

3. Împărțiți sarcinile în pași realizabili: Sarcinile mari pot părea copleșitoare și pot duce la amânare. Împărțindu-le în pași mai

mici, realizabili, puteți crea un impuls și puteți face progresul mai fezabil.

4. Creați un mediu de susținere: Înconjurați-vă de persoane care vă susțin și păstrați-vă spațiul de lucru liber de distrageri. Un mediu de susținere crește concentrarea și motivația, pregătind terenul pentru succes.

5. Rămâneți concentrați: Stabiliți termene limită și prioritizați sarcinile. Utilizați termenele limită în mod eficient: în loc să le vedeți ca pe o sursă de stres, folosiți-le pentru a crea urgență și a prioritiza sarcinile. Atunci când sunt abordate cu mentalitatea potrivită, termenele limită pot deveni motivații puternice.

6. Controlați-vă emoțiile: Reglarea emoțională este fundamentală pentru productivitate. Ea vă ajută să luați decizii inteligente și să rămâneți motivați, chiar și în situații dificile.

7. Sfidează discuțiile negative despre sine: Procrastinarea este adesea cauzată de îndoiala de sine și de gândurile negative. Contestați activ aceste gânduri și înlocuiți-le cu afirmații despre abilitățile și punctele dvs. forte pentru a vă consolida încrederea.

8. Sărbătoriți victoriile mici: Recunoașteți și sărbătoriți micile triumfuri de-a lungul drumului. Acest lucru construiește încrederea și consolidează comportamentul pozitiv, creând un ciclu de recompensă care încurajează acțiunile ulterioare.

9. Utilizați vizualizarea: Vizualizarea implică repetarea mentală a rezultatelor dorite și a pașilor necesari pentru a le obține. Această tehnică puternică poate crește motivația și vă pregătește pentru succes, pregătindu-vă mintea pentru sarcinile care urmează.

10. 10. Iertați și mergeți mai departe: Practicați iertarea de sine și acceptați că dumneavoastră și ceilalți sunteți imperfecți. Eliberându-vă de tiparele și ciclurile de gândire negative, vă puteți debloca întregul potențial și vă puteți dezvolta ca persoană.

În plus față de aceste principii, cartea pune accentul pe un set cuprinzător de abilități care, atunci când sunt dezvoltate și practicate, pot crește semnificativ productivitatea și pot ajuta la depășirea procrastinării.

Introspecție: Înțelegerea motivațiilor personale, a factorilor declanșatori și a tiparelor de procrastinare.

Reglementarea: Gestionarea eficientă a emoțiilor pentru a menține motivația, productivitatea și reziliența.

Planificare: Stabilirea unor obiective clare, specifice, realizabile, relevante și limitate în timp pentru a oferi direcție și scop.

Prioritizarea: punerea în aplicare a tehnicilor și instrumentelor de productivitate pentru a îmbunătăți gestionarea timpului și concentrarea asupra sarcinilor cu prioritate ridicată.

Disciplină: Cultivarea unor obiceiuri și rutine consecvente care susțin obiectivele pe termen lung și promovează autocontrolul.

Vizualizarea: Repetarea mentală a rezultatelor dorite și a pașilor necesari pentru a le obține, sporind motivația și pregătirea.

Flexibilitate: Învățarea din eșecuri și ajustarea strategiilor după cum este necesar pentru a depăși provocările.

Optimism: Menținerea unei atitudini pozitive, practicarea autocompătimirii și reformularea gândurilor negative pentru a menține o perspectivă pozitivă.

Comunicare: Dezvoltarea și menținerea relațiilor de sprijin care oferă motivație, responsabilitate și încurajare.

Concentrare: implicarea în conștientizarea momentului prezent și reflecție pentru a crește concentrarea, claritatea și bunăstarea emoțională.

Prin stăpânirea acestor principii și abilități, veți fi bine echipați pentru a depăși procrastinarea și pentru a vă atinge obiectivele cu mai multă eficiență și satisfacție.

Capitolul 21: Zece întrebări zilnice pentru motivație și disciplină

Următoarele sunt zece întrebări zilnice pentru a vă ajuta să rămâneți motivați, disciplinați și fără procrastinare, bazate pe principiile din această carte.

1. Acțiunile tale actuale sunt aliniate la valorile tale fundamentale și la obiectivele tale pe termen lung? Reflectarea asupra acestei întrebări asigură faptul că activitățile tale zilnice sunt aliniate cu ceea ce este cu adevărat important pentru tine, ceea ce promovează motivația intrinsecă.

2. Luați măsuri astăzi pentru a vă cultiva sentimentul de autonomie și de măiestrie? Gândiți-vă dacă vă angajați în activități de responsabilizare care vă promovează dezvoltarea personală, ceea ce este esențial pentru menținerea motivației.

3. V-ați împărțit sarcinile în etape ușor de gestionat? Evaluați dacă ați împărțit proiectele mari în sarcini mai mici, ușor

de gestionat, evitând astfel sentimentul de supraîncărcare şi sporindu-vă productivitatea.

4. Mediul dvs. de lucru este favorabil şi productiv? Evaluaţi dacă mediul, inclusiv persoanele cu care interacţionaţi, vă ajută sau vă împiedică concentrarea şi motivaţia.

5. Utilizaţi în mod eficient termenele limită pentru a crea urgenţă şi pentru a vă prioritiza sarcinile? Reflectaţi asupra modului în care percepeţi termenele limită: vă provoacă stres sau servesc drept motivaţie? Ajustează-ţi mentalitatea în consecinţă.

6. Cum vă gestionaţi în prezent emoţiile? Gândiţi-vă dacă vă controlaţi reacţiile emoţionale şi dacă acestea vă ajută sau vă împiedică productivitatea.

7. Ce discuţii negative despre sine aveţi şi cum le puteţi contesta? Identificaţi orice îndoieli sau gânduri negative şi înlocuiţi-le activ cu afirmaţii care vă consolidează punctele forte.

8. Aţi sărbătorit astăzi vreo victorie mică? Recunoaşteţi-vă realizările, indiferent cât de mici, pentru a vă consolida încrederea şi a crea o buclă de feedback pozitiv care încurajează acţiunile ulterioare.

9. Folosiţi tehnici de vizualizare pentru a vă pregăti pentru sarcinile dumneavoastră? Luaţi în considerare repetarea mentală a rezultatelor dorite şi a paşilor necesari pentru a le obţine, deoarece acest lucru vă poate creşte motivaţia.

10. Ați practicat astăzi autodepășirea? Gândiți-vă dacă renunțați la greșelile și imperfecțiunile din trecut, ceea ce este esențial pentru dezvoltarea personală și atingerea potențialului maxim.

Punându-vă aceste întrebări în mod regulat vă poate ajuta să rămâneți concentrați asupra obiectivelor dumneavoastră, să vă creșteți productivitatea și să depășiți în mod eficient procrastinarea. Această practică încurajează autoreflecția și schimbările proactive în obiceiurile zilnice, conducând în cele din urmă la un succes și o împlinire mai mari în viața personală și profesională.

Glosar

Anticipare: Funcționează ca un motivator puternic și un stimulent al performanței, similar cu a avea o foaie de parcurs mentală care asigură finalizarea eficientă a sarcinilor.

Autocontrol: Capacitatea de a regla impulsurile, emoțiile și comportamentul. Acesta servește drept bază pentru dezvoltarea personală și atingerea obiectivelor.

Stăpânirea emoțională: Aceasta implică înțelegerea și gestionarea propriilor emoții. Aceasta facilitează luarea deciziilor în cunoștință de cauză, crește productivitatea și contribuie la bunăstarea generală.

Gamificare: Transformă sarcinile obișnuite în jocuri captivante, folosind recompense și provocări pentru a menține motivația și implicarea.

Reward loop: un model de comportament care ne modelează acțiunile. Întărirea pozitivă, prin recompense, ne încurajează să îl repetăm. Acest principiu stă la baza eficienței gamificării și a altor strategii motivaționale.

Mentalitatea de creștere: convingerea că abilitățile pot fi dezvoltate prin muncă asiduă și dedicare. Această mentalitate este un instrument puternic pentru depășirea obstacolelor și atingerea obiectivelor.

Micro-pasuri: Acestea sunt acțiuni mici și consecvente care creează un impuls și reduc sentimentul de copleșire asociat cu sarcinile mari.

Momentum: Asemenea unei pietre care se rostogolește la vale, acesta îi propulsează pe indivizi înainte cu fiecare acțiune reușită și intenționată.

Motivația: îi determină pe indivizi să acționeze și să îndeplinească sarcinile. Aceasta derivă dintr-o varietate de factori, inclusiv valori personale, obiective, stări emoționale și influențe externe. Înțelegerea și alinierea acțiunilor la acești factori motivaționali este esențială pentru depășirea procrastinării și atingerea obiectivelor.

Termenele limită: Acestea acționează ca constrângeri de timp, oferind concentrare și ghidând progresul. Ele creează un sentiment de urgență și ne ajută să prioritizăm.

Procrastinarea: constă în amânarea sau evitarea unei sarcini sau responsabilități. Ea rezultă adesea din lipsa motivației, a autocontrolului sau din gestionarea ineficientă a timpului. Pentru a o combate eficient, este important să identificăm și să abordăm cauzele care stau la baza ei.

Productivitatea cu scop: Aceasta constă în îndeplinirea sarcinilor și obiceiurilor zilnice într-un mod care este aliniat cu valorile și obiectivele fiecărei persoane. Acest sentiment al scopului oferă motivația necesară pentru a persevera și promovează un sentiment de împlinire.

Sindromul impostorului: apare atunci când persoanele, în ciuda dovezilor privind abilitățile lor, experimentează un sentiment de inadecvare.

Vizualizarea: constă în crearea unei imagini mentale și repetarea rezultatelor dorite. Aceasta ajută la dezvoltarea abilităților prin crearea unei reprezentări mentale a ceea ce doriți să realizați. Vizualizarea este un instrument puternic pentru depășirea procrastinării și atingerea obiectivelor.

Referințe Bibliografice

Aafjes-Doorn, K., Garay, C., Etchebarne, I., Kamsteeg, C., & Rousso, A. (2020). Psychotherapy for personal growth: A multicultural and multitheoretical exploration. *Journal of Clinical Psychology*.

Abdel-Khalik, A., Adam, S., & Azeem, H. A. (2021). Developing strategies for overcoming challenges faced by postgraduate nursing students. *Journal of Advanced Nursing, 77*(12), 737–750.

Adrianson, L., Ancok, D., Ramdhani, N., & Archer, T. (2013). Cultural influences upon health, affect, self-esteem and impulsiveness: An Indonesian-Swedish comparison. *International Journal of Research Studies in Psychology, 2*(2), 25–44.

Al-Mansoori, R. S., Al-Thani, D., & Ali, R. (2023). Designing for digital wellbeing: From theory to practice a scoping review. *Human Behavior and Emerging Technologies*.

Aschieri, F., Emmerik, A. V., Wibbelink, C. J. M., & Kamphuis, J. (2023). A systematic research review of collaborative assessment methods. *Psychotherapy*.

Bandyopadhyay, N. (2016). The role of self-esteem, negative affect and normative influence in impulse buying. *Marketing Intelligence & Planning, 34*(4), 523–539.

Basabe, N., Harizmendi, M., Carrasco, J. J. P., Telletxea, S., Castro-Abril, P., & Padoan, S. (2021). Collective violence and construction of peace culture in the Basque Country: Two experiences of memory, recognition and forgiveness. *Deusto Journal of Human Rights*.

Bast, D., & Barnes-Holmes, D. (2015a). Priming thoughts of failing versus succeeding and performance on the implicit relational assessment procedure (IRAP) as a measure of self-forgiveness. *The Psychological Record, 65*(4), 667–678.

Bast, D., & Barnes-Holmes, D. (2015b). Priming thoughts of failing versus succeeding and performance on the implicit relational assessment procedure (IRAP) as a measure of self-forgiveness. *The Psychological Record, 65*(4), 667–678.

Bernal-Guerrero, A., Cárdenas-Gutiérrez, A. R., & Martín-Gutiérrez, Á. (2023). Systemic approach to entrepreneurial identity and its educational projection. *Philosophies*.

Blom, V., Richter, A., Hallsten, L., & Svedberg, P. (2015). The associations between job insecurity, depressive symptoms and burnout: The role of performance-based self-esteem. *Economic and Industrial Democracy, 39*(1), 48–63.

Brown, J. D. (2010). High self-esteem buffers negative feedback: Once more with feeling. *Cognition and Emotion, 24*(8), 1389–1404.

Bryngeirsdottir, H. S., & Halldórsdóttir, S. (2022a). Fourteen main obstacles on the journey to post-traumatic growth as experienced by female survivors of intimate partner violence: "It was all so confusing." *International Journal of Environmental Research and Public Health, 19*(1).

Bryngeirsdottir, H. S., & Halldórsdóttir, S. (2022b). "I'm a winner, not a victim": The facilitating factors of post-traumatic growth among women who have suffered intimate partner violence. *International Journal of Environmental Research and Public Health, 19*(1).

Buitrago, M. F., Jara, L. M. M., Pérez, N. D. V., & García, N. G. (2023). Adaptation strategies in students with motor functional diversity. *Investigación y Educación En Enfermería, 41*(1).

Burton, J. P., Mitchell, T., & Lee, T. W. (2005). The role of self-esteem and social influences in aggressive reactions to interactional injustice. *Journal of Business and Psychology, 20*(2), 131–170.

Calvo, V., & Bianco, F. (2015). Influence of adult attachment insecurities on parenting self-esteem: The mediating role of dyadic adjustment. *Frontiers in Psychology, 6.*

Cameron, J. J., Stinson, D. A., Hoplock, L., Hole, C., & Schellenberg, J. (2016). The robust self-esteem proxy: Impressions of self-esteem inform judgments of personality and social value. *Self and Identity, 15*(5), 561–578.

Cavallo, J. V., & Hirniak, A. (2019). No assistance desired: How perceptions of others' self-esteem affect support-seeking. *Social Psychological and Personality Science, 10*(2), 193–200.

Chavez, F. L. C., Wolford, S. N., Kimmes, J. G., May, R., & Fincham, F. (2019). "I had let everyone, including myself, down": Illuminating the self-forgiveness process among female college students. *Journal of College and Character, 20*(2), 123–143.

Ćirjaković, D. S. (2024). Words that heal – Bibliotherapy for children's emotional and social growth. *Detinjstvo.*

Cowden, R., & Worthington, E. (2019). Overcoming failure in sport: A self-forgiveness framework. *Journal of Human Sport and Exercise.*

Cunff, A.-L. L. (2019). Mindframing: A proposed framework for personal growth.

DeMarco, M. J. (2024). 6-Fold path to self-forgiveness: An interdisciplinary model for the treatment of moral injury with intervention strategies for clinicians. *Frontiers in Psychology, 15.*

Duru, E., Balkıs, M., & Duru, S. (2023). Procrastination among adults: The role of self-doubt, fear of the negative evaluation, and irrational/rational beliefs. *Journal of Evidence-Based Psychotherapies.*

Erzar, T. (2018). Self-perceived victimhood and forgiveness in different generations of the right and left political group in Slovenia.

Gál, É., Tóth-Király, I., Szamosközi, I., & Orosz, G. (2020). Fixed intelligence mindset moderates the impact of adverse academic experiences on students' self-esteem. *Journal of College Student Retention, 24*(6), 1028–1053.

Gao, Y. (2024). Comparison of compulsory education between China and Britain. *Lecture Notes in Education Psychology and Public Media.*

Geraci, A. (2023). Teachers' emotional intelligence, burnout, work engagement, and self-efficacy during COVID-19 lockdown. *Behavioral Science, 13.*

Gilbert, P., & Woodyatt, L. (2017). An evolutionary approach to shame-based self-criticism, self-forgiveness, and compassion. In *The handbook of self-enhancement and self-protection* (pp. 29–41). Guilford Press.

Gilbey, D., Perry, Y., Lin, A., & Ohan, J. (2022). "Shame, doubt and sadness": A qualitative investigation of the experience of self-stigma in adolescents with diverse sexual orientations. *Youth.*

Gold, R., & Gold, A. (2023). "Am I a good enough therapist": Self-doubt among speech and language therapists. *International Journal of Language and Communication Disorders.*

Goodwyn, A. (2018). From personal growth (1966) to personal growth and social agency (2016) – proposing an invigorated model for the 21st century. *The Future of English Teaching Worldwide.*

Han, K. (2023). The role of the prison library. International Journal of Education and Humanities.

Hindmarch, L. (2008). An exploration of the experience of self-doubt in the coaching context and the strategies adopted by coaches to overcome it. *International Journal of Evidence Based Coaching and Mentoring, 6*(2), 1–13.

Hlava, P., Elfers, J., Bieber, J., Maitra, S., Burge, C., Howard, A., Carbajal, R., Jamieson, M., & Casey, A. (2024). Reorienting through the body: The correlation among self-transcendent emotion experiences and interoceptive awareness. *Journal of Humanistic Psychology.*

Ilies, R., Pater, I. D., & Judge, T. (2007). Differential affective reactions to negative and positive feedback, and the role of self-esteem. *Journal of Managerial Psychology, 22*(6), 590–609.

Kaygusuz, R., Tolan, Ö. Ç., & Aydoğdu, B. E. (2023). Mediating role of self-reflection and insight in the relationship between forgiveness and Gestalt contact disturbances. *Anadolu Üniversitesi Eğitim Fakültesi Dergisi.*

Kielkiewicz, K., Mathúna, C. Ó., & McLaughlin, C. (2019). Construct validity and dimensionality of the Rosenberg self-esteem scale and its association with spiritual values within Irish population. *Journal of Religion and Health, 59*(3), 381–398.

Kim, H. K. (2014). Overcoming resistance to health persuasion: Strategies to reduce self-defense motives.

Kita, Y., & Inoue, Y. (2017). The direct/indirect association of ADHD/ODD symptoms with self-esteem, self-perception, and depression in early adolescents. *Frontiers in Psychiatry, 8.*

Kocollari, U., Cavicchioli, M., & Demaria, F. (2023). The 5 E(lements) of employee-centric corporate social responsibility and their stimulus on happiness at work: An empirical investigation. *Corporate Social Responsibility and Environmental Management.*

Kolbina, L., Kasianenko, O., Sopivnyk, I., Karskanova, S., & Chepka, O. (2023). The role of inclusive education in the personal growth of a child with special educational needs. *Revista Amazonía Investiga.*

Kostromina, S., & Makarova, M. (2023). Quasi-development as an illusion of personal growth. *Changing Societies & Personalities.*

Lee, E., Choi, T. R., & Lee, T. (2023). The mediating role of forgiveness and self-efficacy in the relationship between childhood maltreatment and treatment motivation among Malaysian male drug addicts. *Frontiers in Psychology, 13.*

Miranti, M., & Karmiyati, D. (2024). Strategies for overcoming Cinderella complex syndrome in adolescent girls. *Vitamin: Jurnal Ilmu Kesehatan Umum.*

Mróz, J., Toussaint, L. L., & Kaleta, K. (2024). Association between religiosity and forgiveness: Testing a moderated mediation model of self-compassion and adverse childhood experiences. *Religions.*

Neiss, M. B., Stevenson, J., Legrand, L., Iacono, W., & Sedikides, C. (2009). Self-esteem, negative emotionality, and depression as a common temperamental core: A study of mid-adolescent twin girls. *Journal of Personality, 77*(2), 327–346.

Neiss, M. B., Stevenson, J., Sedikides, C., Kumashiro, M., Finkel, E., & Rusbult, C. (2005). Executive self, self-esteem, and negative affectivity: Relations at the phenotypic and genotypic level.

Nyuiemedi, A. E.-T., & Richardson, A.-M. (2024). Surviving child labour through forgiveness and self-efficacy: Implications for counselling practice. *International Journal of Psychology and Counselling.*

Oktriani, D. R., Hufad, A., & Utami, N. (2023). Overcoming the character crisis in children: Strategies, outcomes, and evaluations of Bina desa program. *Utamax Journal of Ultimate Research and Trends in Education.*

Oliveira, W., Esteca, A. M. N. N., Wechsler, S. M., & Menesini, E. (2024). Bullying and cyberbullying in school: Rapid review on the roles of gratitude, forgiveness, and self-regulation. *International Journal of Environmental Research and Public Health, 21*(1).

Onal, A. A., & Yalçin, I. (2017). Self-forgiveness: The predictive role of cognitive distortions.

Paleari, G. F., Danioni, F., Pelucchi, S., Lombrano, M. R., Lumera, D., & Regalia, C. (2022). The relationship between self-forgiveness and psychological wellbeing in prison inmates: The mediating role of mindfulness. *Criminal Behaviour and Mental Health, 32*(4), 337–349.

Paluckaitė, U., & Žardeckaitė-Matulaitienė, K. (2019). Overcoming strategies of adolescents' risky online self-disclosure. *E-Methodology.*

Park, H.-J., & Jeon, K. (2013). Fashion savvy II: The influences of fear of negative evaluation by others, self-esteem, and consumer confidence in fashion decisions on fashion savvy. *The Research Journal of the Costume Culture, 21*(4), 562–575.

Perikova, E., & Bysova, V. M. (2018). Metacognition strategies in overcoming difficult life situations with the main focus on different levels of personal self-regulation. *The Novosibirsk State Pedagogical University Bulletin.*

Ponomarenko, N. (2022). Different approaches to the definition of the concept of "need for self-realization" in professional activity. *Educational Dimension.*

Ponte, J. P. M. D., Quaresma, M., & Mata-Pereira, J. (2022). Teachers' learning in lesson study: Insights provided by a modified version of the interconnected model of teacher professional growth. *ZDM – Mathematics Education, 54*(3), 373–386.

Purebl, G., Schnitzspahn, K., & Zsák, É. (2023). Overcoming treatment gaps in the management of depression with non-pharmacological adjunctive strategies. *Frontiers in Psychiatry, 14.*

Reitzes, D., Mutran, E., & Fernandez, M. E. (1996). Preretirement influences on postretirement self-esteem. *The Journals of Gerontology Series B: Psychological Sciences and Social Sciences, 51*(5), S242-9.

Ricciardelli, L., & McCabe, M. (2001). Self-esteem and negative affect as moderators of sociocultural influences on body dissatisfaction, strategies to decrease weight, and strategies to increase muscles among adolescent boys and girls. *Sex Roles, 44*(3-4), 189–207.

Rose, A. D. (1995). The dynamics of personal growth, development and change. *Adult Learning, 6*(3), 29–5.

Ruini, C., Offidani, E., & Vescovelli, F. (2015). Life stressors, allostatic overload, and their impact on posttraumatic growth. *Journal of Loss and Trauma, 20*(2), 109–122.

Sica, L., & Sestito, L. A. (2021). Personal skills for optimal identity development: A person-centered approach in Italian late-adolescents. *Journal for Person-Oriented Research, 7*(1), 36–51.

Silverberg, C. M. (2019). Critical embodied praxis for social justice and peace educators: A story of personal transformation through analysis of my Jewish and settler identities.

Skolnick, V. G., Lynch, B., Smith, L., Romanowicz, M., Blain, G., & Toussaint, L. (2023). The association between parent and child ACEs is buffered by forgiveness of others and self-forgiveness. *Journal of Child and Adolescent Trauma, 16*(4), 995–1003.

Suh, A., & Cheung, C. M. K. (2017). Beyond hedonic enjoyment: Conceptualizing eudaimonic motivation for personal informatics technology usage. *Interacción, 119–133*.

Swiger, T. (2020). Morally injurious experiences of combat-exposed veterans of Iraq and Afghanistan: Moderating effects of self-forgiveness on feelings of shame and guilt.

Thompson, J. K., Shroff, H., Herbozo, S., Cafri, G., Rodriguez, J., & Rodriguez, M. (2007). Relations among multiple peer influences, body dissatisfaction, eating disturbance, and self-esteem: A comparison of average weight, at risk of overweight, and overweight adolescent girls. *Journal of Pediatric Psychology, 32*(1), 24–29.

Tyan, M. (2023). The influence of the main strategies overcoming stress on professional activity of transport police officers. *Applied Psychology and Pedagogy*.

Tyler, J., Branch, S., & Kearns, P. (2016). Dispositional need to belong moderates the impact of negative social cues and rejection on self-esteem. *Social Psychology, 47*(2), 179–186.

Vets, I. V. (2023). Conscious self-regulation and coping strategies as resources for overcoming difficult life situations. *Theoretical and Experimental Psychology*.

Walbrugh, V. (2016). How to deal with low self-esteem: A 5-step, CBT-based plan for overcoming thoughts and eliminating self-doubt. *Educational Psychology in Practice, 32*(3), 324–324.

Westover, J. (2024). Overcoming feelings of being stuck: Strategies for moving your career forward. *Human Capital Leadership Review*.

Woodyatt, L., Cornish, M., & Cibich, M. (2017). Self-forgiveness at work: Finding pathways to renewal when coping with failure or perceived transgressions. In *The handbook of self-enhancement and self-protection* (pp. 293–307). Guilford Press.

Wu, J., Cheung, H., & Chan, R. (2017). Changing definition of teacher professionalism: Autonomy and accountability. In *Educational governance and accountability* (pp. 59–70). Springer.

Wu, L.-Z., Birtch, T. A., Chiang, F., & Zhang, H. (2018). Perceptions of negative workplace gossip: A self-consistency theory framework. *Journal of Management, 44*(5), 1873–1898.

Yashchenko, E. (2023). Interpersonal conflict, values, strategies for overcoming stress situations of students before and after the start of a special military operation. *Вестник Университета*.

Zaki, A., Nasution, I., Informasi, L., lDiri, K., & Smartphone, K. (2023). Implementation of information services through self-control strategies in overcoming smartphone addiction in students. *Jurnal Ilmiah Sekolah Dasar*.

Cerere de recenzie de carte

D ragă cititorule,

Îţi mulţumim că ai cumpărat această carte! Mi-ar plăcea să primesc veşti de la dumneavoastră. Scrierea unei recenzii de carte ne ajută să ne înţelegem cititorii şi, de asemenea, influenţează deciziile de cumpărare ale altor cititori. Opinia dumneavoastră este importantă. Vă rugăm să scrieţi o recenzie de carte! Bunăvoinţa dumneavoastră este foarte apreciată!

Despre autor

Dan Desmarques este un autor de renume, cu un palmares remarcabil în lumea literară. Cu un portofoliu impresionant de 28 de bestselleruri pe Amazon, inclusiv opt bestselleruri numărul 1, Dan este o figură respectată în industrie. Bazându-se pe trecutul său de profesor universitar de scriere academică și creativă, precum și pe experiența sa de consultant de afaceri experimentat, Dan aduce o combinație unică de expertiză în munca sa. Perspectivele sale profunde și conținutul său transformator se adresează unui public larg, acoperind subiecte atât de diverse precum creșterea personală, succesul, spiritualitatea și sensul profund al vieții. Prin intermediul scrierilor sale, Dan îi împuternicește pe cititori să se elibereze de limitări, să-și elibereze potențialul interior și să pornească într-o călătorie de autodescoperire și transformare. Pe o piață competitivă de auto-ajutorare, talentul excepțional și poveștile inspirate ale lui Dan fac din el un autor de excepție, motivându-i pe cititori să se implice în cărțile sale și să pornească pe calea creșterii și iluminării personale.

Scris tot de autor

1. 66 Days to Change Your Life: 12 Steps to Effortlessly Remove Mental Blocks, Reprogram Your Brain and Become a Money Magnet

2. A New Way of Being: How to Rewire Your Brain and Take Control of Your Life

3. Abnormal: How to Train Yourself to Think Differently and Permanently Overcome Evil Thoughts

4. Alignment: The Process of Transmutation Within the Mechanics of Life

5. Audacity: How to Make Fast and Efficient Decisions in Any Situation

6. Beyond Belief: Discovering Sacred Moments in Everyday Life

7. Beyond Illusions: Discovering Your True Nature

8. Beyond Self-Doubt: Unleashing Boundless Confidence

for Extraordinary Living

9. Breaking Free from Samsara: Achieving Spiritual Liberation and Inner Peace

10. Breakthrough: Embracing Your True Potential in a Changing World

11. Christ Cult Codex: The Untold Secrets of the Abrahamic Religions and the Cult of Jesus

12. Codex Illuminatus: Quotes & Sayings of Dan Desmarques

13. Collective Consciousness: How to Transcend Mass Consciousness and Become One With the Universe

14. Creativity: Everything You Always Wanted to Know About How to Use Your Imagination to Create Original Art That People Admire

15. Deception: When Everything You Know about God is Wrong

16. Demigod: What Happens When You Transcend The Human Nature?

17. Discernment: How Do Your Emotions Affect Moral Decision-Making?

18. Design Your Dream Life: A Guide to Living Purposefully

19. Eclipsing Mediocrity: How to Unveil Hidden Realities

and Master Life's Challenges

20. Energy Vampires: How to Identify and Protect Yourself

21. Fearless: Powerful Ways to Get Abundance Flowing into Your Life

22. Feel, Think and Grow Rich: 4 Elements to Attract Success in Life

23. Find More with Less: Uncluttering Your Mind, Body, and Soul

24. Find Your Flow: How to Get Wisdom and Knowledge from God

25. Forbidden Knowledge: Uncovering the Secrets of Ancient Civilizations and Alien Intervention

26. Hacking the Universe: The Revolutionary Way to Achieve Your Dreams and Unleash Your True Power

27. Holistic Psychology: 77 Secrets about the Mind That They Don't Want You to Know

28. How to Change the World: The Path of Global Ascension Through Consciousness

29. How to Get Lucky: How to Change Your Mind and Get Anything in Life

30. How to Improve Your Self-Esteem: 34 Essential Life Lessons Everyone Should Learn to Find Genuine

Happiness

31. How to Study and Understand Anything: Discovering The Secrets of the Greatest Geniuses in History

32. How to Spot and Stop Manipulators: Protecting Yourself and Reclaiming Your Life

33. Intuition: 5 Keys to Awaken Your Third Eye and Expand Spiritual Perception

34. Karma Mastery: Transforming Life's Lessons into Conscious Creations

35. Legacy: How to Build a Life Worth Remembering

36. Master Your Emotions: The Art of Intentional Living

37. Mastering Alchemy: The Key to Success and Spiritual Growth

38. Metanoia Mechanics: The Secret Science of Profound Mental Shifts

39. Metamorphosis: 16 Catalysts for Unconventional Growth and Transformation

40. Mindshift: Aligning Your Thoughts for a Better Life

41. Mind Over Madness: Strategies for Thriving Amidst Chaos

42. Money Matters: A Holistic Approach to Building

Financial Freedom and Well-Being

43. Now: Crushing Procrastination and Skyrocketing Productivity

44. Quantum Leap: Unleashing Your Infinite Potential

45. Religious Leadership: The 8 Rules Behind Successful Congregations

46. Reset: How to Observe Life Through the Hidden Dimensions of Reality and Change Your Destiny

47. Resilience: The Art of Confronting Reality Against the Odds

48. Raise Your Frequency: Aligning with Higher Consciousness

49. Revelation: The War Between Wisdom and Human Perception

50. Spiritual Anarchist: Breaking the Chains of Consensual Delusion

51. Spiritual DNA: Bridging Science and Spirituality to Live Your Best Life

52. Spiritual Warfare: What You Need to Know About Overcoming Adversity

53. Starseed: Secret Teachings about Heaven and the Future of Humanity

54. Stupid People: Identifying, Analyzing and Overcoming Their Toxic Influence

55. Technocracy: The New World Order of the Illuminati and The Battle Between Good and Evil

56. The 10 Laws of Transmutation: The Multidimensional Power of Your Subconscious Mind

57. The 14 Karmic Laws of Love: How to Develop a Healthy and Conscious Relationship With Your Soulmate

58. The 33 Laws of Persistence: How to Overcome Obstacles and Upgrade Your Mindset for Success

59. The 36 Laws of Happiness: How to Solve Urgent Problems and Create a Better Future

60. The Alchemy of Truth: Embracing Change and Transcending Time

61. The Altruistic Edge: Succeeding by Putting Others First

62. The Antagonists: What Makes a Successful Person Different?

63. The Antichrist: The Grand Plan of Total Global Enslavement

64. The Art of Letting Go: Embracing Uncertainty and Living a Fulfilling Life

65. The Awakening: How to Turn Darkness Into Light and

Ascend to Higher Dimensions of Existence

66. The Egyptian Mysteries: Essential Hermetic Teachings for a Complete Spiritual Reformation

67. The Dark Side of Progress: Navigating the Pitfalls of Technology and Society

68. The Evil Within: The Spiritual Battle in Your Mind Deception: When Everything You Know about God is Wrong

69. The Game of Life and How to Play It: How to Get Anything You Want in Life

70. The Hidden Language of God: How to Find a Balance Between Freedom and Responsibility

71. The Mosaic of Destiny: Deciphering the Patterns of Your Life

72. The Most Powerful Quotes: 400 Motivational Quotes and Sayings

73. The Multidimensional Nature of Reality: Transcending the Limits of the Human Mind

74. The Secret Beliefs of The Illuminati: The Complete Truth About Manifesting Money Using The Law of Attraction That is Being Hidden From You

75. The Secret Empire: The Hidden Truth Behind the Power

Elite and the Knights of the New World Order

76. The Secret Science of the Soul: How to Transcend Common Sense and Get What You Really Want From Life

77. The Spiritual Laws of Money: The 31 Best-kept Secrets to Life-long Abundance

78. The Spiritual Mechanics of Love: Secrets They Don't Want You to Know about Understanding and Processing Emotions

79. The Universal Code: Understanding the Divine Blueprint

80. The Unknown: Exploring Infinite Possibilities in a Conformist World

81. The Narcissist's Secret: Why They Hate You (and What to Do About It)

82. Thrive: Spark Creativity, Overcome Obstacles and Unleash Your Potential

83. Transcend: Embracing Change and Overcoming Life's Challenges

84. Uncharted Paths: Pursuing True Fulfillment Beyond Society's Expectations

85. Uncompromised: The Surprising Power of Integrity in a

Corrupt World

86. Unacknowledged: How Negative Emotions Affect Your Mental Health?

87. Unapologetic: Taking Control of Your Mind for a Happier and Healthier Life

88. Unbreakable: Turning Hardship into Opportunity

89. Uncommon: Transcending the Lies of the Mental Health Industry

90. Unlocked: How to Get Answers from Your Subconscious Mind and Control Your Life

91. Why do good people suffer? Uncovering the Hidden Dynamics of Human Nature

92. Your Full Potential: How to Overcome Fear and Solve Any Problem

93. Your Soul Purpose: Reincarnation and the Spectrum of Consciousness in Human Evolution

Despre editor

Această carte a fost publicată de Editura 22 Lions Publishing.

www.22Lions.com

9 798348 235086